KB033955

난생처음
토론수업

청소년부터
직장인까지 쉽게 배우는
토론의 모든 것

난생처음
토론수업

이주승 지음

siso

"내가 왜 이 위에 올라섰을까? 항상 무언가를 다른 관점에서 봐야 한다는 걸 상기하기 위해 난 책상 위에 올라선단다. 이 위에선 세상이 무척 다르게 보이지. 이미 잘 아는 거라도 다른 시각에서 보도록 해라. 틀리거나 바보 같아도 반드시 시도하도록 해라. 책을 읽을 때도 저자의 생각만 고민하지 말고 너희의 생각이 무엇인지 고민하도록 해라."

"다른 사람들이 너에게 뭐라 하든, 말과 생각은 세상을 바꿀 수 있단다."

피터 위어 감독의 1989년 작 영화 〈죽은 시인의 사회(Dead

Poets Society)〉에서 키팅 선생님(로빈 윌리엄스 분)이 보여줬던 모습은 당시 고등학생이던 나에게 큰 충격을 주었다. 이른 아침부터 다음 날 새벽까지 작은 책상 앞에 앉아 입시라는 목표를 위해서만 살아오던 내게 그는 새로운 세상을 보여주었다. 다양한 관점으로 세상을 바라보고 독립적으로 생각하도록 장려하는 세상을, 교사와 학생이, 학생과 학생이 거리낌 없이 토론하는 세상을 말이다. 당시만 해도 학교 수업에서 토론하는 것은 상상조차 못 할 때였으니 영화 속 토론식 수업 장면은 그야말로 신세계였다.

토론하는 행위에 막연한 로망을 갖게 된 때가 그 시점이었던 것 같다. 다름을 장려하는 분위기와 다양한 의견을 자유롭게 주고받는 모습이 나를 사로잡았다. '키팅 선생님 같은 분이 우리 학교에 오면 얼마나 학교생활이 재미있을까'라는 생각을 꽤 오랫동안 했었다.

이후 대학에 들어가서도 토론은 내게 여전히 신비하고 매력적인, 꼭 해보고 싶은 것이었다. 그래서 무턱대고 토론 동아리를 만들어 뜻있는 친구들과 함께 토론 스터디를 시작했다. 그때는 국내에 토론대회, 토론교육이 전무하다시피 했던 터라 영어 자료를 모으고, 해외 교육에 참여하며 필사적으로 토론을 공부했다. 그러면서 국제 토론대회에서도 좋은 성과를 거둘 수 있었고 감사하게도 한국을, 아시아를 대표하는 토론자로 알려지게 되었다. 그 과정에서 청중 앞에서 말하는 것을 두려워하고 내성적이었던 나는 몰라보게 바뀌었다. 그리고 이러한 경험을 공유하고, 더 나아가 모든 사람이 토론교육을 받을 수 있는 환경을 국내에 정착시키겠다는 목표로 토론 전문 교육 기업을 만들었다.

그 후로 9년이 지났다. 이제 토론은 초·중·고등학교 수업, 기업 면접에서 다룰 정도로 보편화되었고, 학교뿐만 아니라 기업, 공공기관, 대학 등지에서 먼저 토론 강의를 요청하는 시대가 되었다. 그런데 강의와 대회를 통해 많은 사람을 만나 보면, 토론의 필요성을 절감하지만 어디서부터 어떻게 시작해야 할지 모르겠다는 고민을 토로하곤 한다.

토론을 잘하기 위해서는 단순한 토론 형식의 소개나 논리학을 넘어 문제 발굴과 정의, 논리 구조화, 논증과 반증, 발표와 질문 등에 대한 이해가 필요하다. 제한 시간 안에 상대방 혹은 청중을 설득해야 하는 토론의 특성상 모든 방법을 총동원해 자신의 논리를 세우고 방어하며, 상대방의 논리를 무너뜨려야 하기 때문이다. 이에 그동안의 경험을 정리해 토론의 전 과정을 아우르는 토론 입문서를 써보고자 결심하게 되었다.

단순히 토론대회에서 승리하기 위한 기술이 아니라, 토론의 참 의미는 무엇인지 그리고 학업과 실무에 모두 적용할 수 있는 토론 방법을 이해하기 쉽게 소개하고자 했다. 또 그동안 필자가 겪은 시행착오를 다른 사람은 반복하지 않고 빠르게 토론 실력을 키울 수 있도록 구성했다. 무엇보다 처음 토론을 접할 때 가져야 할 마음가짐과 길러야 할 기초 능력을 시작으로, 토론을 준비하고 이를 실전 토론 발표에 적용하는 것까지 5장에 걸쳐 각 단계에서 필요한 것들을 차례대로 다루었다.

1장은 토론이 무엇인지, 우리가 삶을 살아가는 데 왜 토론이 필요한지 설명한다. 학습효과 위주로 토론을 분석하는 것을 넘어 우리 사회에서 토론은 어떤 의미가 있는지, 왜 모든 사람이 필수적으로 토론을 해야 하는지를 말한다. 2장은 본격적으로 토론하기에 앞서 개인의 전달력과 발표력을 높이는 방법을 설명한다. 토론을 잘하기 위한 기초를 다지는 단계로, 실생활에 바로 적용할 수 있는 생각 정리 기술과 발표 기술을 다룬다. 3장은 토론의 기본기를 쌓는 데 중점을 두고 관련 기술을 소개한다. 자기 생각을 명확하고 논리적으로 구성해 전달하는 방법과 여러 관점에서 상대방의 논리를 분석하고 순발력 있게 반박하는 방법 등을 다룬다. 4장은 토론을 준비하는 과정으로 논제를 분석하는 방법을 설명한다. 현재 상황을 분석하고 문제를 찾는 과정에 초점을 맞추고 여러 논제 분석 도구를 소개한다. 5장은 토론 준비를 마치고 실제 토론을 할 때 유념해야 할 사항을 정리했다. 3장과 4장에서 배운 논증법, 논제 분석법을 통해 종합한 내용을 청중이 알아듣기 쉽게 논리적으로 배치하고 명확하게 말하는 방법을 알려준다. 또한 입론 개요서 작성을 연습하고, 배운 내용을 총정리해볼 수 있다. 아울러 '토론 고수의 실전 노하우' 부분을 별도로 만들어 많은 사람이 겪고 있는 문제 위주로 일상생활에서, 실전 토론에서 바로 활용할 수 있는 팁을 정리했다.

이 책은 토론할 때 말이 계속 꼬이고 말문이 막히는 사람부터, 여러 회의에서 오간 내용을 정리하고 의견을 논리적으로 전달해야 하는 직장인, 토론 면접을 앞둔 취업준비생, 토론대회를 준비 중인 중·고등학생과 대학생, 그리고 어떤 주제에 대해서든 논리적으로 설득력 있게 말하고 싶은 목표를 가진 사람들에게 유용할 것이다.

마지막으로 책에 소개된 기술을 실생활에 적용해보는 것에 중점을 두고 읽기를 추천한다. 발표와 토론에 익숙하지 않은 독자라면 책의 차례순으로 읽어나가며 각각의 내용을 실생활에 적용해보자. 토론하는 데 어느 정도 익숙한 독자라면 3장으로 건너뛰어도 무방하다. 책을 한 번 다 읽은 후에는 목차를 보고 자신이 가장 약한 부분을 선택해 해당 내용을 읽고 다시 연습해보기를 추천한다. 그러면 어떤 주제라 할지라도 논리를 구성하고 자기 생각을 설득력 있게 전달할 수 있을 것이다.

자, 이제 함께 토론의 세계로 빠져보자!

차례

Chapter 5
일단 계속 토론해보겠습니다

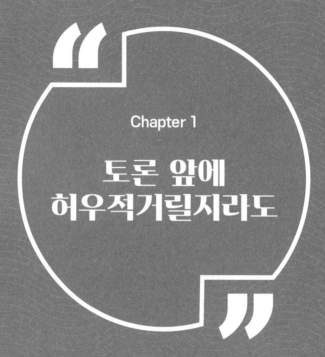

Chapter 1

토론 앞에
허우적거릴지라도

01 | 토론의 연료,
불만과 갈등

'개똥이 무서워 피하나 더러워서 피하지'라는 속담이 있다. 그런데 우리 사회에서 개똥만큼 하찮은 취급을 받는 것이 있다. 바로 '불만'과 '갈등'이다. 속담의 '개똥'을 '갈등'이나 '불만 제기하는 것'으로 바꿔도 전혀 어색하지 않다. 그래서인지 우리는 어릴 때부터 가능한 한 갈등과 불만 품는 것을 피해야 한다고 배운다. 그런데 불만과 갈등은 정말 나쁘기만 할까?

강의를 통해 만나는 분들에게 이 질문을 하면, 대부분은 별 고민 없이 불만과 갈등은 나쁜 것이라고 답한다. 가정에서, 학교에서 그렇게 교육받아왔기 때문이다. 학생으로서 수업에, 학교 환경에 불만을 제기하는 경우 어른들은 "불평 좀 그만해라, 그런 데 신경 쓰지 말고 공부나 해라"라고 얘기한다. 사회에 나가서도 마찬가지다. 어떤 일에, 관행에 불만을 드러내면 그 불만이 '합리적'인지 따지지 않고 혼부터 나거나 심한 경우 '부적응자'라고 낙인찍힌다. 그래서 사람들은 대개 불만이 있어도 표출하지 못하고 속으로 삭이기 일쑤다. 그러다 보면 불만을 삭이는 일이 반복되고, 나중에는 무엇이 진짜 문제인지도 알지 못하는 무감각한 상태가 되고 만다. 그런데 그 불만이 합리적이라면, 불만을 갖는 것은 개인과 사회에 매우 좋은 일이자 필요한 일이다. 왜냐하면 불만을 갖는 것은 주변에 문제가 있음을 인식하는 첫걸음이기 때문이다. 그리고 문제를 인식할 때야 비로소 더 나은 상황을 만들 수 있는 여지가 생긴다.

개인적으로 좋아하는 〈뉴스룸〉이라는 미국 드라마가 있다. 드라마에서 주인공인 앵커 윌 매커보이는 뉴스를 시작할 때 "문제를 해결하는 첫 단계는 문제가 있다는 것을 인식하는 것이다"라고 말한다. 언뜻 보면 너무나도 당연한 말이다. 그러나 많은 사람이 일상생활에 문제가 있다는 것을 쉽게 인정하지 않는다. '좋은 게 좋은 거다'라는 애매모호한 말로 문제의 중심에서 달아난다. 문제 인식이 해결 방안을 찾는 첫 단계라고 한다면, 불만을 갖는 것이 문제를 인식하는 데 꼭 필요한 과정인데도 말이다.

갈등에 대한 인식 역시 불만을 바라보는 시각과 별반 다르지 않다. 갈등을 어떤 상황에서든 무슨 수를 써서라도 피해야 하는 것이라고 여긴다. 하지만 우리가 살고 있는 민주주의 사회에서 갈등은 일어날 수밖에 없다. 한 사회에는 수많은 개인이 어울려 살아가며, 고유한 개성을 가진 개개인의 입장과 의견은 다를 수밖에 없다. 살아온 환경이 다르므로 동일한 사안일지라도 저마다의 시각으로 접근하기 때문이다. X라는 정책에 대해서 혹은 Y라는 사람에 대해서 A, B, C라는 사람이 같은 의견을 보일 가능성은 낮다. 그런데 '양보하는 것이 미덕'이라고 배워온 우리는 반대 의견이 있더라도 그것을 드러내기보단 속으로 삼킨다. 반대 의견을 말하는 것은 갈등을 초래하는 일이며, 피해야 하는 것이라 생각하기 때문이다.

　그러나 이것은 자기 자신과 타인 모두에게 좋지 못하다. 갈등을 표면적으로 끌어내지 못하면 제대로 된 문제점을 찾아낼 수 없고 상황을 개선할 수도 없다. 갈등은 겉으로는 나빠 보여도 더 나은 해결책을 찾게 해주는 원동력이다. 갈등이 있는 상황에서야 비로소 사람들은 대안을 찾으려 하고, 기존의 정책과 법 등을 재평가해 더 나은 공동체, 사회로 나아가려 하기 때문이다.

　'그래서 갈등이 좋은 것이라고? 전혀 동의하지 못하겠어. 내 경험에 비추어볼 때 갈등을 표면화하는 것은 더 많은 감정적 소모, 그리고 또 다른 갈등으로 이어지기만 할 뿐이야'라고 생각하는 사람도 있을 것이다. 물론 이러한 우려도 일리 있는 말이다. 갈등을 표면으로 끄집어내는 것만으로는 뭔가 부족하다. 이때 필요한 것이 토론이다. 갈등을 표면화하고, 더 나은 나와 사회를 만드는 대안에 합의하기 위해 우리는 토론을 해야 한다. 토론은 갈등을 조정하고 중재하는 도구이기 때문이다.

그럼에도 불구하고 우리는 토론을 기피해왔다. 그 이유는 첫째, 토론에 대한 잘못된 인식 때문이다. 대중매체 속 갈등 상황이나 토론회를 보면 토론이라기보다는 말싸움에 가까운 경우가 많다. 서로를 존중하는 태도 역시 찾아보기 힘들다. 일단 나와 의견을 달리하는 사람의 말은 듣지도 않고 무조건 틀린 것으로 간주해버린다. TV에 나오는 정치인 등 유명 인사나 전문가의 토론 자세가 이러니 사람들은 토론을 '말싸움하는 것이고, 오히려 갈등을 악화시킨다'고 인식하게 된다. 둘째, 말하는 사람의 의견과 인격을 분리하지 않기 때문이다. 유교문화가 지배적인 대한민국에서는 상대방이 자신의 의견에 반박하면 자신을 공격하는 것이라고 여기는 경향이 강하다. 그러다 보니 의견을 달리하면서 더 나은 생각으로 발전시키기 힘들고, 토론을 해봤자 상황이 개선되기는커녕 괜한 원망을 산다고 생각한다.

잘 생각해보면 의견은 나에게서 나오는 극히 작은 조각일 뿐이고, 검증 과정을 거치지 않았기 때문에 언제든지 바뀔 수 있다. 그런데 나의 의견과 다르면 나를 무시하는 것이라고 간주하는 문화가 여전히 강하다. 이는 생각의 교환과 융합을 억압할 뿐, 나에게도, 상대방에게도, 조직에도, 사회에도 아무런 이득을 가져다주지 않는다.

다행히도 시대의 변화는 더 많은 토론을 요구하고 있다. '하면

좋은 것'에서 '해야 하는 것'으로 적어도 제도가, 시대가 달라지고 있다. 이는 토론을 잘하는 사람이 학교에서, 회사에서, 사회에서 인정받을 수 있고, 그만큼 변화에 기여할 수 있음을 의미한다.

불만과 갈등은 사회악이 아니다. 진짜 문제를 발견하게 해주는 중요한 장치이다. 그런 의미에서 불만과 갈등은 똥이 아니라 황금에 가깝다. 그리고 황금은 능숙한 금 세공사가 있어야 제대로 된 가치를 발휘할 수 있다. 우리가 토론을 배워야 하는 이유이다.

　한국만큼 토론이라는 용어가 모호하게 쓰이는 나라도 없다. 수업에서도, 회의에서도 토론을 한다고는 하지만 토론을 토의, 논의, 대화 등으로 바꿔도 어색하게 들리지 않으니 말이다. 상황이 이렇다 보니 학교 수업에서 토론과 토의의 차이점을 물으면 상당수 학생이 "둘 다 똑같은 것 아닌가요?"라고 되묻는다. 이는 학생들의 잘못이 아니라 토론과 토의라는 용어를 혼용해서 쓰는 우리 문화와도 연관이 있고, 아카데미 토론으로 불리는 경쟁식 토론에 익숙하지 않은 우리 교육과도 관련이 있다.

　그러나 토론은 (적어도 이 책에서 중점적으로 다룰 토론이라는 용어는) 토의, 논의, 대화 등과는 구분된다. 토론이 활발한 영어권 국가에서는 'Debate(토론)'라는 단어가 토론의 특성을 잘 설명해준다.

이 단어에 대한 〈메리엄-웹스터(Merriam-Webster)〉의 사전 정의를 보자.

> de · bate noun /di-ˈbāt, dē-/
> : a contention by words or arguments: as
> a : the formal discussion of a motion before a deliberative body according to the rules of parliamentary procedure
> b : a regulated discussion of a proposition between two matched sides

정리해보면, 토론이란 '의회 운영 절차 규칙에 따라 한 의제에 대해 상반되는 견해를 가진 두 팀 사이에서 이루어지는 공식적인 토의나 논쟁'이라고 해석할 수 있다.

〈국립국어원 표준국어대사전〉에서는 '토론'을 다음과 같이 정의하고 있다.

> 토론: 어떤 문제에 대해 여러 사람이 각각 의견을 말하며 논의함.

영어 정의보다 한국어 정의가 오히려 더 모호하다. 일단 '어떤 문제'라는 게 나왔다. 토론을 하기 위해서는 문제가 필요하다. 다음으로 '여러 사람'과 '여러 의견'이라는 단어를 보자. 당연히 토론은 의견을 나눌 상대방이 있어야 가능하다. 그런데 이 정의만으로는 토론이 무엇인지 정확히 파악하기가 애매하다. 조금 더 구체적으로 살펴보자.

토론이란 넓은 의미에서, '주어진 주제 혹은 그와 관련된 이슈에 관해 각 입장과 의견의 정당성과 타당성을 논의하는 일'이다. 즉, 토론은 주제에 대해 찬성 측과 반대 측으로 나뉘어 서로 자기의 주장이 옳음을 관철하는 과정이며, 토론자가 옹호하는 입장을 상대방 또는 제삼자에게 설득하는 의사소통 유형이다.

보다 구체적으로, 토론은 '형식을 갖춘 토론'을 의미한다. 일반적인 대화(Dialogue)나 토의(Discussion)와 달리 토론자는 스포츠 경기처럼 제한 시간과 정해진 규칙에 따라 순서대로 발언하게 된다. 100분 토론, 대선 토론 등의 진행 방식을 떠올리면 쉽다. 대선 토론에서 대선 후보는 방송에서 사전에 정한 규칙에 따라 다양한 현안에 대해 토론한다. 이러한 토론에는 진행자를 두어 각 후보자가 공평하게 발언할 시간을 주고 규칙을 어길 시에는 제재를 가해 보다 효율적으로 의견 교환이 이뤄질 수 있도록 한다. 즉, 토론은 효율적으로 의사 결정을 할 수 있도록 정해진 일정 형식 안에서, 서로의 의견을 공유하고 상대방을 설득하는 과정이다.

토의가 좋을까,
토론이 좋을까

현장에서 학교 선생님이나 기업 임직원을 만나다 보면 흥미로운 경험을 하게 된다. 학교 선생님 중에 몇몇은 '토론 수업이 경쟁심을 조장해 학생의 인격 형성에 독이 된다'라고 생각하기도 하고, 일부는 '토론 수업이 학생의 역량을 키우는 가장 효과적인 방법'이라고 주장하기도 한다.

또 모두 그런 것은 아니지만, 기업에서 직급이 높은 분들 사이에서 토론은 '우리나라 조직문화에 맞지 않고 오히려 조직 내부에 좋지 않은 영향을 미치는 것'으로 인식되어 있다. 반면, 신입 및 주니어 사원들은 토의 방식의 느슨한 회의는 전혀 효과적이지 않다며, 좀 더 건설적인 의견과 반론을 제기할 수 있는 토론 방식의 회의를 갈망한다. 간혹 직급이 높은 분들 중에서도 소위

계급장을 떼고 토론할 수 있도록 노력하는데도 팀원들이 잘 따라주지 않는다고 어려움을 토로하기도 한다.

이처럼 저마다의 환경과 경험으로 인해 '토론은 나쁜 것이고, 토의는 좋은 것이다'라거나 그 반대 의견이 있는 것이다. 그러나 이는 토의와 토론에 대해, 그리고 이 둘을 어떻게 적용해야 하는지에 대해 잘못 이해하고 있어서 생기는 오류이다. 이 둘은 서로 대립 관계가 아닌 협력과 보완의 관계이다. 그리고 둘 간의 관계를 올바로 이해할 때 토의와 토론을 제대로 사용할 수 있다. 토의와 토론에 대해 하나하나씩 살펴보자.

'토의'

토론과 가장 많이 혼용하는 단어이다. 토론이라는 단어 대신 자주 사용되지만 엄연히 다른 목적과 방식이 있다. 따라서 두 단어 간의 공통점과 차이점을 알면 토론이 무엇인지 더 잘 이해할 수 있다.

먼저 토론과 토의 모두 집단으로 행해지는 활동이라는 점에서 동일하다. 최소 나를 제외한 1명의 상대방이 있어야 하고, 대개 4명 이상의 집단으로 토론, 토의 활동을 하게 된다. 동시에 모두 말로 하는 활동이라는 특징이 있다. 글쓰기나 TV 시청 등은 말하지 않고서도 가능한 활동이지만 토론과 토의는 입을 통한 말로써 진행된다. 즉, 말을 매개로 하는 의사 결정 수단이라는 데 공통점이 있다. 또한 토론과 토의는 둘 다 문제를 해결하는 데 궁극적 목표가 있다. 물론 문제를 해결하기 위해 사용하는 세부 방식에는 상당한 차이가 있지만 특정 문제를 해결한다는 목표가 같다. 이러한 맥락에서 '형식을 갖춘 토론'이라고 풀어쓸 수 있는 토론 혹은 디베이트는 토론 준비 과정에서, 그리고 토론이 끝난 후에 토의를 하도록 요구하기도 한다.

그렇다면 토론은 어떤 점에서 토의와 다를까? 먼저 사전적 정의를 통해 토론과 토의의 차이점을 알아보자.

> 토론: 어떤 문제에 대해 여러 사람이 각각 의견을 말하며 논의함.
> 토의: 어떤 문제에 대해 검토하고 협의함.
>
> (출처: 국립국어원 표준국어대사전)

토의(Discussion)는 어떤 문제에 대해 각자의 의견을 내놓고 협의해 의견의 일치나 결정을 하는 활동인 반면, 토론(Debate)은 어떤 문제에 대해 각자의 의견을 내세워 그것의 정당함을 논하되, 의견의 일치나 결정은 하지 않는 활동이다.

가장 눈에 띄는 것은, 토의는 문제 해결을 위해 다른 생각을 하나로 모으는 일종의 나눔의 과정이고, 토론은 문제 해결을 위해 다른 생각을 바꾸려고 하는 설득의 과정이라는 점이다. 이러한 특성을 바탕으로 둘의 차이점을 정리하면 다음과 같다.

	토의	토론
목적	의견 공유와 협의를 통해 답을 구하는 것을 목적으로 한다.	주어진 논제에 대해 자신의 입장이나 해답을 갖고 타인을 설득하는 것을 목적으로 한다.
형식	규칙, 규율과 같은 형식적 제약이 없다.	규칙, 규율과 같은 형식적 제약이 있다.
주제	논제 외 사항도 다룰 수 있다.	논제 외 사항은 다루지 않는다.
의견	참석자들이 자유롭게 답을 구한다.	사실, 논거, 근거에 의한 자기 주장을 논리적으로 관철한다.
문제 해결 방식	집단적 사고를 바탕으로 대안을 제시하고 선택한다.	대립하는 쟁점을 표면화해 갈등을 해결하거나 대안을 선택한다.
태도	상대방을 존중하며, 의견은 좋은 안건이다.	상대방을 존중하나, 의견은 반론과 검증의 대상이다.
규칙	타협과 흥정이 있다.	타협과 흥정이 없다.
발언권	참여자마다 발언 시간을 다르게 가진다.	모든 참여자가 동등한 발언 시간을 가진다.

  토론은 찬성과 반대로 나뉘어 쟁점을 형성하며 서로를 설득하도록 요구하기 때문에 대립의 성격이 강한 말하기이고, 토의는 문제 해결을 위해 다양한 의견을 제시하고 조율하는 협동의 성격이 강한 말하기라고 볼 수 있다. 따라서 학교 수업, 사내 회의, 동아리 활동 등에서 목적과 상황에 맞게 토의와 토론을 잘 혼합해 사용해야 한다.

  또한 토론은 팀원 간 준비, 사전 회의 등 토의 과정을 포함하며, 토의를 하다가 자연스럽게 토론으로 이어지기도 한다. 엄격한 형식의 아카데미 토론(경쟁 토론)을 제외하고는 현실에서 우리는 의견을 나누기 위한 '토의 모드'와 상대방을 설득하기 위한 '토론 모드' 사이를 오간다.

좋은 토론자가 되기 위해서는 먼저 토론과 토의의 정의와 특징에 차이가 있음을 인식하고, 문제를 해결하고 상대방을 설득하는 과정에서 이 둘을 적절하게 사용할 수 있어야 한다.

라이프 스킬로서의
토론

"토론 훈련을 받은 학생들이 그렇지 않은 학생들에 비해 2배 이상 높은 비판적 사고 점수를 받았다."

"토론 훈련을 받은 학생들이 그렇지 않은 학생들에 비해 수능 시험 전 과목에서 더 높은 점수를 받았다."

"토론 훈련을 받은 사람들이 그렇지 않은 사람들에 비해 면접에서 더 높은 점수를 받았다."

토론의 쓰임새와 효과가 다양한데도 대부분은 토론의 효과를 거론할 때 일부 학습 효과에만 한정한다. 이를테면, '토론을 하면 비판적으로 생각하게 되고, 발표를 잘하게 되고, 독해력이 향상된다' 등 학습 효과에 대한 연구 결과와 숫자에만 초점을 맞추는 것이다.

그러나 토론은 우리 삶에서 그 이상의 효과를 가져온다. 10년 넘게 직접 토론 경기에 참여하고, 토론 강의를 해오면서 토론을 통해 사람들이 변화하는 모습을 관찰할 수 있었다. 이러한 현장에서의 경험을 통해 토론은 학습 역량을 키워주는 것을 넘어 인생의 전 과정에 영향을 미친다는 것을 알 수 있었다.

문제를 해결하는 과정

토론은 문제 해결 역량을 키워준다. 토론을 제대로 하기 위해서는 안건, 현상에 대한 분석이 선행되어야 한다. 현상을 여러 각도로 분석해 다양한 원인으로 쪼개고, 이 중에 대처 가능한 주요 문제를 선정해 해결책을 제시할 수 있어야 한다. 문제를 정의하고 해결하는 일련의 과정을 제대로 해내지 못하면, 토론자의 논리는 부실할 수밖에 없고 설득력 역시 떨어진다. 이처럼 토론은 자신의 고유한 사고를 통해 복잡한 문제를 단순 명료한 문제로 바꾸도록 요구한다.

대학생 시절 베를린에서 열린 세계 대학생 토론대회에 참가했을 때의 일이다. 1년에 한 번 개최하는 세계 대회에 걸맞게 토론 경기 외에도 다양한 프로그램이 마련되어 있었다. 그중 세계적인 경영 컨설팅 회사인 맥킨지 앤드 컴퍼니(McKinsey & Company)가 리쿠르팅 세션을 열었다. 이때 전 세계 맥킨지 사무

소에서 일하는 토론자 출신의 경영 컨설턴트들의 프로필이 담긴 책자를 제공했던 것이 기억에 남는다.

세계에서 입사하기 가장 힘든 곳 중 하나라는 이 경영 컨설팅 회사에서 토론자들을 만나기 위해 찾아온 이유는 무엇일까? 토론 활동이 분석력과 문제 해결력을 높여준다는 사실을 알고 있기 때문이었다. 기업의 문제를 해결해줘야 하는 경영 컨설턴트에게 필요한 역량은 문제를 논리적으로 구조화하고, 문제에 대한 실행 가능한 해결 방안을 제시해주는 것이다. 이는 앞서 말한 토론 과정과 유사하다.

우리는 인생을 살면서 무수히 많은 문제를 직면한다. 어떻게 그 문제들을 대처하느냐에 따라 자신의 능력이 결정된다고 해도 과언이 아니다.

민주주의 의사 결정 과정

우리는 수많은 이해관계와 다양성이 존재하는 민주주의 사회에서 살고 있다. 따라서 필연적으로 서로의 의견이 다를 수밖에 없다. 이때 이러한 이해관계와 다양성을 조정하는 것이 토론이다. 토론으로 서로의 의견을 공유하고 설득하는 과정을 통해 최종 의사 결정을 하는 것이다. 굳이 교육적인 측면을 부각하지 않더라도 선거, 시위, 지역 회의 참여 등 모든 과정에서 토론이 활용되고 있음을 보아도 쉽게 알 수 있다.

토론은 상대방의 의견이 '틀린 것이 아니라 다르다'는 생각을 바탕으로 최선을 다해 서로의 의견을 경청하도록 요구한다. 토론한 후에는 숙의 과정을 거쳐 의사 결정을 할 수 있게 한다. 토론자들이 어떤 사안에 대해 이미 확고한 입장을 갖고 있는 경우에는 쟁점을 명료하게 제시함으로써 토론을 보는 시민, 이해관계자들이 의사 결정을 내리도록 도와준다.

학창 시절 토론 선수로 활동했던 전 미국 대통령 존 F. 케네디는 1960년 한 연설에서 토론을 통해 서로 대립되는 주장을 주고받고 여러 아이디어를 검증하는 일은 민주주의에 필수적이며, 모든 기관에 더 많은 토론교육과 토론이 필요하다고 역설하기도 했다.[*] 이처럼 토론은 일반 시민에게 민주주의 의사 결정 과정을 내재화하는 도구이자, 합리적인 민주 시민을 양성하는 도구인 셈이다.

나의 권리를 지키는 일

토론은 나의 권리를 잘 지킬 수 있도록 도와준다. 토론을 통해

---

[*] LITAN, ROBERT(2020), "Improving Education and Healing America through Debate-Centered Education: An Introduction." In Resolved: Debate Can Revolutionize Education and Help Save Our Democracy, 1. Washington, D.C.: Brookings Institution Press.

우리는 여러 주장과 텍스트를 비판적으로 분석하는 눈을 키울 수 있다. 잘 훈련된 토론자는 모든 사안에 대해 '합리적 의심'을 갖고 세상을 바라보게 된다. 이는 특히 청소년에게 유용한데, 비판적으로 사고함으로써 자신에게 일어나는 일이 부당한지 아닌지를 구분할 수 있다. 청소년기를 지나 사회로 진출하는 과정에서 감언이설에 속지 않도록 도와주고, 학교와 가정에서 당연하다고 배워온 것들의 옳고 그름을 구분하는 능력을 길러준다.

라이프 스킬

마지막으로 위 3가지, 그리고 지금까지 했던 토론에 대한 이야기를 모두 관통하는 것으로, 토론은 라이프 스킬 그 자체이다. 삶의 기술로 불리는 라이프 스킬이란 '일상생활의 요구와 도전에 효과적으로 대처할 수 있는 적응력과 긍정적 행동을 하기 위한 능력*을 뜻한다.

우리가 원하든 원하지 않든 토론은 삶을 살아가고, 인생을 꾸려나가는 데 있어 꼭 필요한 스킬이다. 빈도의 차이는 있겠지만, 토론은 가정에서, 학교에서, 직장에서, 친구 간에 등 모든 상황에서 일어난다. 그렇기에 토론에 제대로 참여하지 못하면 뒤처지

---

* UNICEF(2003), https://www.unicef.org/lifeskills/index_7308.html

는 듯한 느낌이 들기도 하고, 무언가에 공헌하고 있지 않다는 느낌을 받을 것이다.

수십 년 전이라면 위에서 시키는 대로만 하면 됐지만, 세상은 이미 바뀌었다. 마치 1990년대 중반까지만 해도 필수가 아니었던 컴퓨터 활용 능력이 모두에게 꼭 필요한 스킬이 된 것처럼 말이다. 학교에서의 수행평가를 위해서도, 입사 면접을 위해서도, 승진 시험을 위해서도, 업무를 제대로 처리하기 위해서도 토론 능력은 글쓰기와 읽기처럼 중요한 요소가 되었다. 무엇보다 민주주의 사회에서 책임감 있고 제대로 공헌하는 시민이 되는 데 꼭 필요한 능력이다.

생산적인 토론을 위한 5가지 요건

토론의 필요성을 느껴도 막상 토론을 하려고 하면 어디에서부터 시작해야 할지 막막한 것이 현실이다. 그래서 토론을 잘하려면 또는 진행하려면 토론을 하기 위한 요건이 무엇인지 살펴봐야 한다. 어떤 요건이 필요한지 알아야 기본 환경을 구축할 수 있고, 생산적인 토론이 가능하다.

토론에는 최소 5가지 요소, 즉 2명 이상의 개인이나 집단, 논제, 쟁점, 논거, 토론 규칙이 필요하다.

필요 요소	뜻(출처: 국립국어원 표준국어대사전)
2명 이상의 개인이나 집단	여럿이 모여 이룬 모임
(사실이 아닌) 논제	논설이나 논문, 토론 따위의 주제나 제목

쟁점	서로 다투는 중심이 되는 점
논거	어떤 이론이나 논리, 논설 따위의 근거
토론 규칙	여러 사람이 다 같이 지키기로 작정한 법칙 또는 제정된 질서

먼저 토론을 하기 위해서는 2명 이상의 개인이나 집단이 있어야 한다. 당연하면서도 가장 중요한 부분이다. 토론은 상호적인 설득 과정이므로 혼자서는 할 수 없다. 누군가에게 의견을 전달하는 것이 아닌 누군가와 함께 의견을 교환한다는 것에 그 의의가 있다. 하지만 많은 사람이 자신의 의견을 타인에게 '쏟아붓는' 일에 집중하곤 한다. 이는 상대방의 의견은 안중에 없고 내 의견만 유창하게 내세우면 토론이 된다는 잘못된 사고방식에서 오는 폐해이다. 토론은 내가 누군가에게 말을 전달하는 행위를 넘어, 누군가와 함께 의견을 교환하고 논리를 들어 서로를 설득하는 과정임을 기억하자.

다음으로 토론할 논제, 즉 '토론이 가능한' 주제나 안건 등이 있어야 한다. 여기서 '토론이 가능한'이라는 부분이 중요하다. 생산적인 토론을 하기 위해서는 논제 선정이 중요한데, 세상의 모든 것이 다 토론 주제가 될 순 없다. 이를테면 '지구는 태양을 중심으로 돈다'는 지동설에 관해 토론하는 일은 불가능하다. '태양이 지구를 중심으로 돈다'는 천동설을 믿었던 옛날에는 충분히 토론이 가능한 주제였지만, 지동설이 과학적 사실로 규명된 지금은 토론의 논제가 될 수 없다.

그렇다면 '지구는 아름답다'는 토론 주제가 될 수 있을까? 답은 '그렇다'이다. 조금 더 질문의 난도를 높여, '지구가 아름다운지의 여부'는 논제가 될 수 있을까? 역시 답은 '그렇다'이다. 논제 자체가 사실이 아닌 주관적인 생각을 요구하고 있으며, 개인마다 견해차가 있으므로 논제가 될 수 있다. 지구가 아름답다고 생각하는 누군가가 있는 반면, 지구는 더 이상 아름답지 않다고 생각하는 사람, 지구는 원래부터 아름답지 않다고 생각하는 사람도 있을 것이다.

이를 '대체복무제를 허용해야 하는가'라는 논제에 적용해보자. 논제 자체를 사실이 아닌 것으로 해석하는 데 이견이 없고 양측의 첨예한 입장과 가치가 더욱 뚜렷하게 보일 것이다. 즉, 이 논제는 '토론 가능한' 주제이며, 이러한 논제가 있어야 우리는 제대로 된 토론을 할 수 있다.

'토론 가능한' 논제를 선정했다면, 다음으로는 논제와 관련해 명확하고 충분한 쟁점이 있는지 확인해야 한다. 그렇지 않으면 수박 겉핥기 식의 토론으로 이어지기 쉽다. 쟁점이란 토론에서 찬성 측과 반대 측이 서로 다투는 중심이 되는 부분이다. 좋은 토론 주제는 가치, 실현 가능성 등 각각의 분야에서 다양한 쟁점을 내포한다. 반대로 나쁜 토론 주제는 협소하거나 한 측에 과하게 유리한 쟁점을 내포한다. 사실로 증명되지 않은 모든 주제에 대한 토론은 가능하지만, 충분한 쟁점이 없는 논제는 토론의 논의를 대폭 제한한다.

'대체복무제 기간을 현역의 1.6배로 해야 한다'라는 논제를 보자. 실무를 담당하는 병무청 관계자에게는 대안 분석을 위한 의미 있는 토론이 될 수 있겠지만, 일반적인 토론의 논제로는 충분한 쟁점을 형성한다고 보기 어렵다. 토론의 범위를 '대체복무제 기간'으로 제한해 가치적 쟁점 등 다른 중요한 쟁점에 대한 논의가 일어나기 어렵기 때문이다. 무턱대고 아무 주제나 정해 토론하는 것이 능사는 아니다. 제대로 된 주제가 있어야 더 의미 있는 토론을 할 수 있고, 그래야만 우리의 사고력과 토론력도 향상된다.

다음으로 토론에서 상대방, 청중, 혹은 심사위원을 설득하기 위해서는 논거가 필요하다. 논거란 자신의 입장(찬성 혹은 반대)을 지지하는 거시적인 논리, 이유이다. 토론에 참여하는 사람들은 그에 대한 합당한 논거를 전개할 수 있어야 한다. "그 정책은 효과적이지 않을 것 같아요"라고 자신의 의견을 아무런 근거 없이 표현한 문장은 논거가 아니다. 장황하게 했던 말을 반복하는 것도 마찬가지다. 이를테면 "그 정책은 인권을 침해하는 것 같아요. 인권은 중요한데 말이죠. 인권을 침해하는 것은 나쁘니까 그 정책도 하지 말아야 해요. 인권은 모두가 중요하게 생각하는 것이니까요"라고 말하는 것이다. 어떤 사안에 대해 판단을 내리는 데 아무런 도움이 되지 않는 의견일 뿐, 논거라 할 수 없다.

논리나 이유 없이는 생산적인 토론이 이뤄질 수 없으므로, 논거 제시는 토론에서 최소한의 요건이자 토론자에게는 최소한의 의무이다.

마지막으로 위 모든 요소를 잘 작동되게 하는 토론 규칙이 필요하다. 토론은 더 나은 의사 결정을 하기 위해 거쳐야 하는 과정이다. 하지만 현실에서는 의사 결정을 하는 데 무제한의 시간이 주어지지 않는다. 또 완벽한 정보를 바탕으로 하는 최고의 의사 결정이란 이 세상에 존재하지 않는다. 경쟁 토론을 하는 학생, 유무죄 판결을 내리는 판사, 직장에서 문제를 해결해야 하는 직장인, 그 외에 일상에서 크고 작은 문제와 맞닥뜨리는 모든 사람이 제한된 시간과 정보 안에서 의사 결정을 한다. 토론 규칙은 이러한 제한된 시간과 자원을 효율적으로 사용하도록 도와주는 장치이다. 따라서 생산적인 토론을 하기 위해서는 우리의 상황에 맞는 제약, 규칙을 정하고 토론에 임해야 한다.

토론을 하기 전에 위 5가지 요건을 따져보면서 최적의 토론 환경을 만드는 게 중요하다. 아이디어와 의견이 활발히 오갈 수 있도록 판을 까는 것도 토론의 일부이니 말이다.

토론과 친해지는 가장 쉬운 방법

입시 위주의 교육을 경험한 우리에게 '토론'은 낯선 단어일 수밖에 없다. 누군가에게는 두려운 것으로, 누군가에게는 비현실적인 것으로, 또 다른 누군가에게는 귀찮은 것으로 다가올 수 있다. 혼자서 시험 문제를 푸는 데 초점을 맞추어 공부했으니 말을 매개로 문제를 해결하는 과정이 낯설고 어렵게 느껴지는 것은 당연하다.

상황이 이러하니, '이번 생에 토론은 글렀어'라고 생각하고 포기해야 할까? 절대 그렇지 않다. 많은 청중 앞에서 발표하지 않더라도, 토론에 참여하지 않고서도 개인의 '토론력'을 기르는 쉬운 방법이 있다. 바로 일상생활에서 마주치는 크고 작은 사안에 대해 '왜'라는 질문을 반복하는 것이다.

우리는 하루에도 수많은 사건과 정보를 접하지만, 그중 거의 모든 정보를 잊어버린다. 그것에 대해 생각해보거나 주의를 기울이지 않기 때문이다. 이때 접한 사건이나 정보를 그냥 지나치지 말고 '왜'라고 질문하는 습관만 들여도 개인의 토론 능력을 높일 수 있다.

이를테면, 출근길이나 등굣길에 사람의 행동을 관찰하면서 '왜 저런 행동을 하는 걸까?'라고 생각해보거나, 포털사이트에서 정부 정책에 대한 뉴스를 읽으면서 '왜 정부는 그러한 정책을 시행하는 것일까?'라고 스스로 물어보는 것이다. 또는 친구나 직장 동료가 대화 중 자신의 주장을 내세우는 경우 '왜 그런 걸까?'라고 자문해보는 것이다. 그리고 이를 내가 말할 때도 똑같이 적용하면 논리적으로 말하는 데 도움이 된다. 내 의견을 단순히 '좋아', '싫어' 또는 '예', '아니오'로 전달하기보단 왜 그렇게 생각하는지 이유를 더해줘야 한다.

예를 들어, 코로나19 감염 확산 방지를 위해 모든 실외 체육시설 집합을 금지하는 조치에 찬성한다면, 왜 이 조치에 찬성하는지 스스로 이유를 생각해보아야 한다.

Bad	Good
실외 체육시설 집합을 금지하는 것은 좋은 것 같아⋯.	• 왜 실외 체육시설 집합을 금지하는 것이 좋을까? → 국민의 건강과 안전을 위해서 꼭 필요한 조치인 것 같아⋯. • 왜 그럴까? → ⋯ • 왜 그럴까? → ⋯ • 왜 그럴까? → ⋯

'왜'라는 질문을 최소 한 번, 많게는 다섯 번 반복하면 내 생각과 논리를 정연하게 다듬을 수 있다. 질문을 반복하면 내가 어떠한 연유로 그렇게 생각하게 되었는지 제대로 파악할 수 있고, 질문하고 고민한 만큼 스스로 생각하고 판단하는 근육이 자라난다. '왜'라는 질문만으로도 나의 사고를 계속 자극하고, 생각을 논리에 맞게 정리할 수 있다.

전 세계에서 차지하는 인구는 미미하지만, 노벨 수상자를 많이 배출한 것으로 유명한 이스라엘의 부모들은 자녀가 수업을 마치고 집에 돌아오면 "오늘 어떤 질문을 했니?"라고 물어본다고 한다. 질문을 통해 아이가 어떻게 사고하는지, 배운 내용을 적용하는지 파악하는 것이다. 학습에서 중요한 것은 사고하는 과정과 지식을 적용하는 과정이라고 생각하기 때문이다. '왜'를 묻는 것도 마찬가지다. '왜'라는 질문으로 사고와 논리를 점검하고 새로운 해석과 발견을 할 수 있다.

주입식 교육에 길들여진 사람이라도 일상생활에서 '왜'라는 질문을 꾸준히 하면 바뀔 수 있다. 별도의 시간을 내지 않아도, 수업을 듣지 않고서도 토론과 빨리 친해질 수 있는 방법이다.

발표 공포증을 극복하는 6가지 방법

누구나 발표할 때 어느 정도의 긴장과 불안을 느낀다. 그런데 유독 중압감을 이기지 못해 아무것도 못하는 사람들이 있다. 평소 상대방과 대화할 때는 자신감이 넘치고 또렷하게 말하는 사람이 청중 앞에만 서면 얼어버리는 경우를 자주 접한다. 많은 사람 앞에서 발표를 해야 한다는 생각만으로도 긴장이 되고, 청중을 마주하면 가슴이 쿵쾅거리고, 손발이 떨리기 시작하는 것이다. 이를 떨쳐내려고 아무리 애써보아도 마음처럼 되지 않는다. 이런 두려움은 발표에 대한 부정적 경험을 강화하고 악화시킨다. 그렇다면 어떻게 해야 이러한 발표 공포증을 극복할 수 있을까?

청중의 반응을 과대 해석하지 말자

•

간혹 발표를 잘하던 발표자가 청중의 무심한 표정을 보고 갑자기 얼어버리는 경우가 있다. 그럴 때 '저 사람은 내 발표에 흥미를 전혀 느끼지 못하나 봐. 내가 무언가 잘못하고 있나?' 하는 식으로 청중의 반응을 과대 해석해서는 안 된다. 중요한 사실은, 청중은 생각만큼 내 발표에 대해 신경을 쓰지 않는다는 것이다. 물론 자신의 생각을 전달하는 데 있어 청중의 반응을 살피는 것은 꼭 필요하다. 다만 발표 공포증이 심한 사람이라면 이를 극복하는 일이 먼저다.

대개 이런 상황은 발표자가 자신감이 없을 때 나타나는데, 청중의 평가를 너무 걱정한 나머지 말이 잘 안 나오는 어려움을 겪기도 한다. 그래서 발표할 때는 누구보다 자신을 믿어야 한다. '난 안 될 거야'라는 부정적인 생각으로 자신을 비판해서는 안 된다.

발표 공포증이 생긴 과거 사건을
찾아서 원인을 파악하자

•

발표 공포증이 있는 사람은 대개 두 부류로 나뉜다. 첫 번째는 많은 사람 앞에서 발표한 경험이 없어서 긴장과 불안을 느끼는 사람이다. 청중 앞에서 말하는 것이 익숙하지 않아 두려운 것이다. 다른 한 부류는 과거의 특정 경험에서 오는 두려움을 느끼는 사람이다. 전자는 발표 연습과 실제 발표에 자신을 노출함으로써 공포증을 극복할 수 있다. 반면 후자는 조금 더 세심한 과정을 거쳐야 한다. 먼저 발표에 대한 안 좋은 기억을 모두 끄집어낸 후 어떤 경험이 발표 공포증을 촉발시켰는지 찾아야 한다. 그러고 나서 그 경험을 마주하고 객관화해야 한다.

공포를 유발하는 부정적인 사건은 시간이 지나면서 실제로 있었던 일보다 더욱 부정적인 기억으로 확장된다. 초등학교에 처음 입학해서 자기소개를 하다가 할 말을 까먹은 경험은 같은 반 친구들의 조소로만 기억에 남는다. 많은 사람 앞에서 엄청나게 떨면서 발표했던 경험은 사람들의 무시로만 기억된다. 조금만 이성적으로 생각해보면 그들은 그렇게 반응하지 않았다는 것을 알 수 있는데도 말이다. 그러한 상황에서 대부분은 오히려 발표자의 말을 더 집중해서 듣고 공감하며 도우려 한다. 발표자의 모습에서 자신을 보기 때문이다.

발표 전, 수시로 발표하는 모습을 상상해보자

•

운동선수들은 수시로 이미지 트레이닝을 한다. 실제 몸을 쓰지 않고 머릿속으로 다양한 상황을 상상하고 연습하는 것이다. 원하는 목표를 떠올리고 운동하는 과정을 생생한 이미지로 만들어내는 것은 실제 운동하는 것과 같은 효과가 있다고 한다. 실제로 김연아, 잭 니클라우스 등 전설적인 운동선수는 시합 전 경기 과정을 머릿속에 정확하게 그리며 동작을 연습했다고 알려져 있다.

스탠퍼드 대학 연구팀이 발표한 최근 연구 결과에 따르면, 뇌에서 학습 과정은 실제로 몸을 움직이기 전에 시작되며, 행동을 준비하고 실수를 조정하는 등 학습의 큰 부분을 차지한다고 한다. 실제 행동으로 옮기기 전에 의식적으로 준비할 때 학습 효과가 더 크다는 것이다.[*]

이러한 시각화 방법은 발표 공포증을 극복하는 데 매우 효과적이다. 편안한 자세로 앉아 눈을 감고 자신이 발표하는 모

---

[*] Vyas et al(2020), Causal Role of Motor Preparation during Error-Driven Learning, Neuron.

습을 머릿속에 그려보자. 어떻게 서론을 시작할 것인지, 내용의 흐름이 어떻게 이어지는지, 그리고 청중이 어떤 얼굴을 하고 있는지를 상상해보자. 발표의 어느 부분에서 어떤 메시지를 강조할 것인지 최대한 구체적으로 발표 과정을 그려보자. 시간이 날 때마다 의식적으로 이미지 트레이닝을 하면 실제 발표를 하지 않아도 자신도 모르는 사이 발표에 익숙해질 것이다. 또한 자연스럽게 발표에 대한 자신감이 생기고 예기치 못한 상황에서도 순발력 있게 대처하는 자신을 발견하게 될 것이다.

첫 1분에 집중하자

'시작이 반이다'라는 말은 발표에도 그대로 적용된다. 토론을 포함한 모든 종류의 발표에서는 첫 1분을 어떻게 시작하느냐가 나머지 시간을 결정한다고 해도 과언이 아니다. 특히 경험이 부족한 발표자가 첫 1분에서 할 말을 까먹거나 애써 준비한 서두를 제대로 전달하지 못하면 머릿속이 새하얘지고 어쩔 줄 몰라 하거나, 심한 경우 그 자리에서 얼어버리는 경우가 있다.

이미지 트레이닝을 통해 전체 흐름을 잡았다면, 발표 직전에는 시작을 어떻게 할지에 대해 모든 주의를 집중해야 한다. 발표 준비 5단계를 통해 발표 내용을 충분히 숙지한 경우 서두만 잘 시작하면 나머지 내용은 자동으로 입에서 나오게 될 것이다. 시작이 순조로우면 발표에 대한 불안도 서서히 가라앉을 것이다.

모든 내용을 암기하려고 하지 말자

•

많은 사람이 발표할 때 글씨가 빼곡히 적힌 원고를 그대로 읽거나, 원고를 통째로 암기하곤 한다. 이 방법은 말을 글로 옮기는 과정에서 자기 생각을 정리하고 논리의 세부사항을 점검하는 데는 유용하다. 그러나 암기해서 발표하는 것은 소통해야 하는 발표의 본질을 흐린다. 암기에 의존하면, 텍스트에 과도하게 집착한 나머지 발표가 부자연스러워지고 전달력이 떨어지기 때문이다. 특히 한 문장, 한 문단, 심지어 한 단어를 까먹으면 바로 흐름을 놓치게 되고, 머릿속이 하얘져 발표를 망치게 된다.

또한 하나의 문장이라도 잊어버리면 안 된다는 강박을 느껴 발표에 대한 불안이 더욱 커진다. 이는 종종 실전에서 실수로 이어진다. 공개 오디션 프로그램에서 가수나 래퍼들이

며칠 밤을 새워가며 가사를 열심히 외워도 실제 공연에서 가사를 까먹는 상황과 유사하다. 그리고 대부분은 한 번 가사를 까먹으면 당황해서 다시 자신의 페이스를 찾지 못한다. 그래서 발표할 때는 일종의 발표 지도인 개요서를 바탕으로 내용을 전달하는 것이 좋다. 단어, 문장에 집착하기보다는 핵심 키워드를 중심으로 발표 흐름에 익숙해지는 연습을 해야 자연스럽게 전달력을 높일 수 있다.

발표를 가능한 한 많이 해보자

너무나도 당연한 말이지만, 발표를 하면 할수록 발표에 대한 불안감이 사라진다. 많은 사람이 발표를 자주 하지 않다 보니 발표를 어색하게 느끼고 대면한 청중을 무서워한다. 이를 극복하려면 발표를 많이 해보는 수밖에 없다. 실전이 아니더라도 지인이나 친구 앞에서 반복적으로 발표를 연습해보는 것이다. 또 실제 발표날은 발표 장소에 미리 도착해 연단 앞에 서서 장소와 청중석을 둘러보는 것이 좋다. 이때 청중들이 있다면 한 명, 한 명의 눈을 마주해보자. 그리고 그들과 대화를 몇 마디 나누는 것만으로도 불안감을 완화할 수 있다. 그렇게 불안과 공포를 무디게 만드는 것이다.

심리학에서는 공포증을 치료하는 방법으로 공포의 대상에 점진적으로 다가가는 훈련을 한다. 한 번에 공포증을 극복하는 것이 아니라 반복적으로 그 대상을 재학습함으로써 천천히 극복해나가는 것이다. 발표를 많이 하는 것도 이와 유사한 원리이다.

필자 역시 중·고등학교 시절 발표 공포증이 심해서 발표를 하라고 하면 온몸이 부들부들 떨리고, 말도 제대로 하지 못했다. 20대 초반까지도 발표에 대한 스트레스가 심해 부정적인 생각을 끊임없이 했었다. 그런 내가 발표 공포증을 극복하게 된 결정적인 계기는 토론을 접하면서부터였다. 토론에 흥미를 느끼고 매달 대회에 참가해서 청중 앞에서 계속 말하다 보니 서서히 발표하는 행위에 무뎌졌다. 처음에는 소규모 그룹에서 발표해보고, 그다음 차근차근 대상과 횟수를 늘려가다 보면 점차 발표에 익숙해질 것이다.

누구나 발표에 대한 불안이 있다. 중요한 것은 불안을 없애는 것이 아니라 불안을 잘 관리하는 것이다. 공포는 행동으로 나타나지만, 살펴보면 내면의 특정 불안과 걱정에서 기인한다. 그것이 정확히 무엇인지 스스로에게 질문해보자. 발표 후에 사람들의 부정적인 평가가 걱정되는가? 왜 부정적인 평가를 받을 것이라 생각하는가? 정확히 무엇이 두려운가? 이러한 질문을 통해 내면에 있는 두려움과 마주하자. 두려움도 꺼내놓으면 실체가 없음을 깨닫게 될 것이다.

Chapter 2

토론 전,
잠시 준비운동하고
가실게요

01 | 설득력을 높이는
가장 쉬운 방법

토론은 상대방 또는 제삼자를 설득하는 의사소통 유형으로, 토론과 설득은 떼려야 뗄 수 없는 관계이다. 설득한다는 것은 누군가를 자신이 원하는 방향으로 움직이게 한다는 의미이다. 우리는 원치 않아도 누군가를 설득하고 설득당하며 살아간다. 가깝게는 친구에게 내가 원하는 것을 이해시키는 일부터, 직장 동료와 상사를 설득하는 일, 그리고 하루에도 수백 번 이상 나의 관심을 끌려고 하는 광고까지. 이처럼 설득은 사회적 동물인 인간이 살아가며 부딪는 다양한 관계 속에 존재한다.

먼저, 설득을 하려면 우리가 언제 설득되는지 알아야 한다. 설득에 관한 수많은 연구 결과가 있지만, 핵심은 그리스 철학자 아리스토텔레스의 이론으로 간단하게 정리할 수 있다. 아리스토텔레스는 그의 저서《수사학》에서 연설의 종류를 심의용 또는 정치 연설, 과시용 연설, 법정 연설로 구분하고 어떻게 하면 연사들이 효과적으로 자신의 의견을 전달, 설득할 수 있는지를 제시했다.[*] 그는 사람들이 논리, 감정, 신뢰라는 3가지 요소에 의해 설득된다고 주장했는데, 이를 하나씩 살펴보자.

첫 번째는 로고스(Logos)이다. 로고스는 그리스어로 말, 언어를 뜻하며, 인간은 이성적인 존재라는 가정하에 논리적이고 실증적인 근거나 합리적인 이치가 있어야 설득할 수 있음을 의미한다. 주장의 일관성, 이유의 논리, 증거가 얼마나 효과적이고 짜임새 있게 제시되는지에 따라 로고스가 있는지 없는지 결정된다. 주로 보고서, 학술 논문 등에서 강조하는 설득의 요소로, 주장에 대한 논증 과정을 어떻게 풀어나갔느냐를 다룬다. 이때 주장이란 내가 증명하고자 하는 의견이고, 이유와 증거는 청중에게 자신의 주장을 설득하기 위해 제시하는 설명과 데이터를 가리킨다. 토론의 두 기둥 중 하나인 논증하기에서 가장 중요하게 다루는 부분이기도 하다.

간혹 '논리적'이라는 말에 압도당하거나 부담스럽게 생각하는 사람들이 있는데, 논리적이란 내용의 앞과 뒤가 모순 없이 유기적으로 이어진다는 것이다. 같은 주제에 대해서 조금 전까지만

---

[*] 아리스토텔레스 저, 천병희 역,《수사학 / 시학》(숲, 2017), 41쪽.

해도 A라고 얘기하던 친구가 갑자기 B에 대해 얘기한다면 논리적이지 못한 것이고, 앞뒤 내용이 잘 이어지지 않으면 우리는 설득되지 않는다. 따라서 로고스는 설득에 있어 기본 중의 기본이라고 할 수 있다.

그런데 논리만으로 사람을 설득하는 데는 한계가 있다. 논리를 통해 이해시킬 수는 있으나 특정 방향으로 움직이게 하는 것은 아직 부족하다. 우리는 이성적이면서도 매우 감성적인 인간이기 때문이다.

《나는 왜 이 일을 하는가?》의 저자 사이먼 사이넥에 따르면 '무엇'이 아니라 '왜'에서 시작할 때야 비로소 다른 사람에게 영감을 줄 수 있고 그들을 행동하게 할 수 있다고 한다. '왜'에 답하는 것은 인간의 감정, 행동, 의사 결정을 통제하는 뇌의 영역인 변연계를 자극하기 때문이다. 그런데 이 영역은 언어를 처리하는 능력이 없어서 논리만으로는 활성화되지 않는다.[*]

이와 관련된 두 번째 설득의 요소가 파토스(Pathos)이다. 파토스는 그리스어로 고통 또는 경험을 뜻하며, 상대방의 심리를 파악하고 상대방의 감정에 호소해 설득하는 방법이다. 파토스를 발현하기 위해서는 단어의 선택과 묘사 방법이 중요하다. 이를 통해 자신이 원하는 주장을 강조해 이해시킬 수 있으며, 주로 이

---

[*] 사이먼 사이넥 저, 이영민 역, 《나는 왜 이 일을 하는가?》(타임비즈, 2013), 88~89쪽.

야기나 묘사를 통해 이루어진다. 이야기나 묘사로 자신이 말하고자 하는 바를 풀어내면, 논리의 추상적인 내용을 구체적이고 현재성 있게 바꿀 수 있기 때문이다. 이 방법은 토론에서 심사위원, 청중에게 자신의 논거를 쉽게 전달하고자 할 때나 지지하는 정책의 정당성을 강조할 때 유용하다.

대표적인 예로 아사하기 직전의 아동들이 등장하는 한 국제기구의 광고를 떠올려보자. 이러한 광고의 목표는 더 많은 사람이 빈곤 퇴치를 위해 후원하도록 설득하는 것이다. 만 원을 후원하면 빈곤 아동에게 어떠한 이익이 있는지를 수치와 함께 논리적으로 제시하기보다는 빈곤 아동들의 처참한 현실을 묘사하는 데 초점을 맞춘다. 우리의 감정을 자극해 모금하도록 설득하는 것이다.

마지막으로 그리스어로 인성, 품성을 뜻하는 에토스(Ethos)가 있다. 화자의 인품으로 설득하거나 공신력으로 호소하는 방법이다. 이때 인품과 공신력이란 청자가 화자를 어떻게 생각하느냐에 관한 것이다. 청자와 화자 간의 유대 관계, 명성이나 평판에 영향을 받을 수 있다. 결국 청자가 화자를 얼마만큼 신뢰할 수 있느냐에 대한 문제이다.

과거에 내가 좋아했거나 존경했던 지인을 떠올려보자. 그때 그 사람이 하는 말이면 더욱 신뢰가 가고 그의 말에 쉽게 설득되지 않았는가? 그렇다면 에토스가 작용한 것이다. 이를 반대로 적용해보면, 누군가가 나를 설득하려고 할 때 권위에 호소해 설득하려는 것은 아닌지 말하는 내용을 귀담아듣고 분석할 필요가 있다.

그런데 에토스를 토론에 적용하려면 약간의 문제가 생긴다. 대다수 처음 보는 청중이나 심사위원을 대상으로 토론하게 되는데, 제한 시간 내 처음 보는 사람과 신뢰를 쌓기란 사실상 불가능하기 때문이다. 이때는 전문가나 공신력 있는 자료를 인용함으로써 설득력을 더할 수 있다. 동시에 사람들이 자신에게 호의를 가지도록 적당한 톤을 유지하는 것이 좋다.

참고로 아리스토텔레스는 말하는 사람의 인품, 즉 에토스가 가장 중요하다고 보았다. 화자에 대한 신뢰가 있어야 나머지 두 요소도 효과적으로 전달된다고 생각한 것이다. 아리스토텔레스가 살았던 고대 그리스 도시의 시민 중 남자 인구가 3만도 채 되지 않았고[*] 당시 서로 간에 사회적 교류가 활발했다고 가정하면 에토스가 가장 중요했을 것으로 추측해볼 수 있다.

그러나 약 77억 명이 살아가고 무수한 분야와 이슈가 존재하는 현대 사회에서는 목적과 상황에 맞게 각 설득 요소를 사용해야 한다. 설득의 3요소를 토론에 적용할 때 유의해야 할 점은 이들의 균형이다. 어떤 요소가 더 나은 영향을 미치는지는 숫자로 쉽게 나눌 수 없다. 나의 메시지를 전달할 때 설득의 3요소가 어

---

[*] 조대호, 《아리스토텔레스》(아르테, 2019), 120쪽

56

떻게 발현되는지 확인해보고, 청중에 맞춰 각 요소의 비중을 조절해야 한다. 파토스에 너무 치우치면 내용 없이 감정에 호소하게 되고, 로고스에만 호소하면 사람들이 공감하지 못할 것이다. 그렇다고 에토스만 강조한다면 정작 토론에서 논해야 할 핵심 내용은 빠지게 될 가능성이 크다.

마지막으로 상대방을 설득하는 데 반드시 명심해야 할 것이 있다. 이 모든 요소는 상대방을 공감하는 능력에서 시작된다는 사실이다. 공감한다는 것은 상대방, 즉 청중과 같게 느끼는 것이다. 상대방의 눈높이에서 논리를 구성하고, 상대방의 마음을 읽기 위해 노력하고, 상대방을 배려할 때 우리는 진심으로 공감할 수 있고, 상대방 또한 마음의 문을 연다. 내가 원하는 방향으로 천천히 설득하는 것이다.

복잡한 생각을
명료하게 만드는 마법의 숫자 '3'

다른 기술, 실력과 마찬가지로 토론에도 기본기가 중요하다. 평소에 생각을 정리하고 말하는 것을 별로 좋아하지 않는 사람이 주변 사람과 자주 토론을 한다고 해서 갑자기 토론 실력이 늘지는 않는다. 외려 준비 없이 토론을 접하다간 자신의 논리를 제대로 전달하지 못하거나 토론 중 얼어버리는 등 실수를 경험하고는 토론이 다시는 하기 싫어질지도 모른다.

발표·토의·토론을 중시하는 방향으로 교과과정이 바뀌고 있지만, 여전히 많은 사람이 자신의 생각을 전달하는 것조차 제대로 배우지 못한 채 성인이 된다. 그런 사람이 짧은 시간 안에 주장과 반론이 오가는 토론을 하는 것은 무척이나 힘든 일일 것이다. 따라서 토론하기 전, 많은 사람 앞에서 발표하는 것에 익숙해지는 연습이 필요하다. 그럼, 발표를 쉽게 만들어주는 방법을 살펴보자.

가위바위보, 삼국지, 아기돼지 삼형제, 총균쇠

이들의 공통점은 무엇일까? 바로 숫자 3과 연관이 있다는 것이다. 여러 연구 결과에 따르면, 사람들은 세 조각의 정보를 가장 잘 기억한다고 한다. 즉, 토론에서 발표자가 세 조각 이상의 정보를 제시하면 청중이 그 정보를 기억할 확률이 대폭 떨어진다는 의미이다. 따라서 한 번에 많은 정보를 제시하기보다는 적당한 양의 정보를 전달하는 게 더 효과적이다.

어디서 많이 들어본 얘기인 것 같아 고개를 갸우뚱할지도 모르겠다. 그렇다. 이는 우리가 공부할 때 귀가 닳도록 들었던 학습법에서 강조되는 내용이기도 하다. 한 번에 모든 내용을 암기하려고 하지 말고, 관련 내용을 묶어 단순화시키라는 말이다. 그런데 그동안 우리는 인풋(Input), 즉 학습하는 데만 초점을 맞췄지 이를 활용한 아웃풋(Output)과 전달에는 신경 쓰지 않았다. 물론 지식을 효과적으로 암기하기만 하면, 하고 싶은 일을 할 수 있던 때가 있었다. 반면 터치 몇 번이면 원하는 지식을 검색할 수 있는 현대 사회에서는 찾은 지식을 가공해 전달하는 일, 즉 아웃풋이 더 중요해졌다.

이와 관련해 적용하기 쉬우면서도 강력한 도구가 '3의 법칙'

이다. 매직넘버 7±2[*] 등 다양한 이론이 있지만, 그중 3의 법칙만 기억해도 충분하다. 전달하고자 하는 내용을 의도적으로 3가지 항목으로 제한해 핵심 내용을 정리하면, 경험이 없는 발표자라도 핵심 메시지를 잊어버리지 않을 것이다.

그렇다면 청중 앞에서 말할 때, 3의 법칙을 어떻게 활용할 수 있을까? 먼저 발표의 구조를 잡는 데 적용할 수 있다. 대부분 발표는 서론(Opening), 본론(Body), 결론(Closing)의 구조로 이루어진다. 보통 서론에서 주제에 대한 개요를 제시한 후 본론에서 주제와 관련된 핵심 메시지를 전달하며, 결론에서 말한 내용을 요약 정리하고 종합하며 맺는다.

[*] 3의 법칙과 비슷한 이론으로는 매직넘버 7±2(George A. Miller)가 있다. 사람이 단기적으로 기억할 수 있는 개수는 7에서 -2를 하거나 +2를 한 숫자, 즉 5에서 9개까지라는 의미이다. 예를 들어, 주민등록번호 역시 그렇게 설계되었다고 볼 수 있는데, 한 번에 모든 숫자가 나오지 않고 기억하기 쉽게 7자리 숫자로 끊어서 나오는 것이다. 예: 1234567-1234567
Miller, G. A.(1956), The magical number seven, plus or minus two : some limits on our capacity for processing information, Psychological Review.

그러나 현실에서는 3의 법칙을 제대로 적용하지 못할 때가 많다. 말을 시작하자마자 본론으로 들어가서 두서없이 말하는 사람들이 있는데, 이 경우 서론과 결론에서 발표 내용을 정리만 해주어도 듣는 사람이 훨씬 더 안정감을 느끼고 좋은 인상을 받는다. 이후 구조를 갖춘 말하기가 익숙해지면 본론 역시 다시 3개의 핵심 메시지로 나누어 정리하면 좋다. 발표의 큰 틀과 본론에서의 핵심 메시지를 각각 3가지 항목으로 정리해놓으면 핵심 내용을 중심으로 자신의 의견을 전달할 수 있다.

면접이나 상부 보고와 같이 짧은 시간 내에 자신의 생각을 전달해야 할 때도 핵심 메시지를 3개로 구성하는 것이 효과적이다. 본론을 3가지 하위 주제로 구성하는 것과 유사한 방법으로, 이때는 '메시지 지도'를 작성하는 것을 추천한다. 메시지 지도를

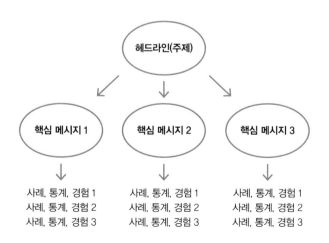

작성하면 종이 한 장으로 생각의 주요 내용을 한눈에 파악할 수 있다. 먼저 헤드라인 혹은 주제를 맨 위에 적는다. 다음으로 주제에 대한 핵심 메시지 3개를 적는다. 각 핵심 메시지의 하위 항목에는 다시 3가지 자료(사례, 통계, 경험 등)를 넣어 메시지를 강화한다. 단, 제한 시간이나 상황이 여의치 않다면 하나의 자료를 제시하는 것만으로도 충분하다.

발표나 말을 잘하려면 이처럼 알고 있는 것을 3가지 항목으로 단순화시키는 작업을 꾸준히 해야 한다. 정말 몰라서 자신의 생각을 설득력 있게 전달하지 못하기도 하지만, 알고 있는 것을 어떻게 말로 정리해야 할지 몰라 말문이 막히는 경우도 많기 때문이다.

잠시 여기서 책을 덮고 다음 질문에 대해 3~5분 정도 생각한 후 질문에 대한 답변을 되뇌어보자.

"당신은 어떤 성격의 사람인가요?"

간단한 질문인데도 많은 사람이 만족스럽지 못한 답변을 했을 것이다. 평소에 잘 생각해보지 않아서도 있지만, 나의 성격과 관련된 정보가 너무 많은 탓에 머릿속이 정리되지 않아서 제대로 답하지 못했을 가능성이 크다. 그러면 사람들은 핵심 메시지를 잘 뽑아내지 못하고 두서없이 이런저런 얘기를 하게 되며, 결국 듣는 사람은 내용을 제대로 이해하지 못한다. 반면 3의 법칙을 사용해 메시지 지도를 머릿속으로 그린 사람은 다르다. 질문을 받으면 이를 주제로 전환하고, 자신의 핵심 성격이 무엇인지, 성격의 특성 3가지를 뽑아낸다. 그리고 각 성격의 특성을 뒷받침하는 사례나 지인의 말 등을 추가한다.

이처럼 기본적인 질문부터 차근차근 연습하면 토론에서 자주 다루는 시사 이슈에 관한 질문을 받아도 논리적으로 답변할 수 있다. 또한 이는 사회 현안에 대해 나의 주장을 강조하는 데도 적용할 수 있다.

"대입 정시를 확대해야 한다고 생각하나요?"

3의 법칙을 이해한 사람이라면 위 질문에 대해 머릿속으로 이

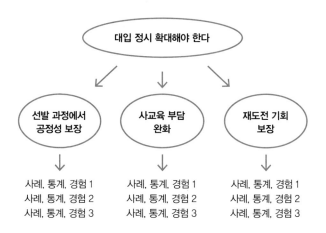

처럼 메시지 지도를 그릴 수 있다.

　일단 주요 내용 3개를 뽑아내면 머릿속 생각이 훨씬 더 명확해지고, 듣는 사람도 내용을 쉽게 이해할 수 있다. 이처럼 3의 법칙은 생각을 짜임새 있게 정리하는 강력한 도구이며, 생각을 정리해 타인에게 전달해야 하는 모든 경우에 사용할 수 있다. 메시지 지도가 익숙하지 않은 사람이라면 "○○에 대해 3가지 이유가 있는데요"라고 말하며 3의 법칙을 적용하면 도움이 될 것이다.

청중을 사로잡는
5단계 발표 준비법

토론은 찬성과 반대로 나뉘어 논증과 반증을 오가며 자신의 입장을 관철하는데, 이는 역동적인 스포츠 활동과 비슷하다. 그런데 운동을 처음 할 때도 단계가 있듯 본격적인 토론을 하기 전에도 준비운동이 필요하다. 청중 앞에만 서면 다리가 후들거리고, 준비된 의견조차 제대로 전달할 수 없는 상태에서 곧바로 토론을 하는 것은 어제 막 복싱을 시작한 사람이 프로 선수와 스파링하는 것과 같다. 스텝도, 잽도 제대로 배우지 못한 채 프로 선수를 대면한다면 복싱이 재미있어지기는커녕 오히려 두려움만 커질 것이다. 최악의 경우 영영 링에 오를 용기가 생기지 않을지도 모른다.

토론을 제대로 즐기기 위해서라도 기초적인 스피치 스킬을 숙지해 사람들 앞에서 자신의 의견을 전달하는 과정에 익숙해져야 한다. 스피치란 청중과 공감대를 형성하기 위해 자신의 의견을 조리 있게 말하는 것으로 화자가 자신의 의견이나 주장을 청자에게 정확하고 효과적으로 전달하는 데 목적이 있다. 이를 위해 내 생각을 의식의 흐름대로 말하는 것이 아니라 언제, 무엇을, 어떻게 말할지 일종의 발표 지도를 그리는 것이 중요하다. '3의 법칙'을 적용해 머릿속에 '메시지 지도'를 그리는 것처럼 말이다.

스피치 기법을 소개하기에 앞서 먼저 짚고 넘어가야 할 사항이 있다. 말 잘하는 능력은 절대 타고나는 게 아니라는 점이다. 대부분 강연, 프레젠테이션, 연설을 잘하는 사람을 보면 그가 원래부터 말을 잘했다고 생각한다. 그리고 그와 자신의 스피치 능력을 비교하곤 한다. 이러한 비교는 스피치와 멀어지는 가장 빠른 지름길이다. 자신감과 흥미를 잃게 되고, '어차피 나는 연습해도 안 돼'라는 생각이 말하기 능력을 개선하려는 시도마저 차단하기 때문이다.

TV에서, 강의에서, 유튜브에서 보는 소위 말 잘하는 사람들은 많은 시간 공부하고, 생각을 정리한 뒤, 경험을 쌓아 말을 잘하게 된 것이다. 좋은 발표란 발표에 앞서 청중을 이해하고 그에 맞는 메시지를 생각한 후, 수많은 연습을 통해 완성된다. 반면 나의 의견을 어떻게 효과적으로 전달할지 고민하고 연습하지 않은 연설은 청중에게나, 말하는 본인에게나 혼란과 곤란한 상황을 초래한다.

다행히 우리에게는 효과적인 스피치를 하게 도와주는 다양한 도구들이 있다. 그중 모든 방법론의 기초가 되는 '5단계 발표 준비법'은 무엇을, 어떤 순서로, 어떻게 말할 것인가에 기초해 발표를 준비하는 방법이다.

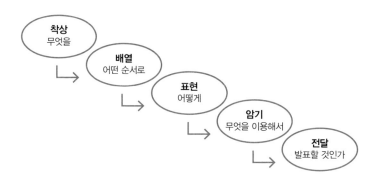

이 과정대로 준비하면 우리는 발표를 통해 달성하고자 하는 목표를 파악할 수 있고, 가장 효과적인 의사소통 방식을 찾을 수 있다.

발표 잘하는 사람, 말 잘하는 사람은 발표에 앞서 이 단계를 반드시 거친다. 각 단계에 투자하는 시간이 다를 뿐 제대로 된 스피치를 하기 위해서는 필요한 과정인 것이다. 따라서 발표와는 상극인 사람도 5단계 발표 준비법을 따라 차근차근 해나가면 실수 없이 편안하게 발표를 잘할 수 있을 것이다.

Step 1: 착상

어떤 주제에 대해 발표해야 하는 일이나 과제를 받아도 당황하지 말자. 숨을 깊이 들이마신 후 노트를 꺼내자. 먼저 청중이 누구인지, 어떤 내용에 관심이 있을지 생각해보자. 청중의 관심 사항과 나의 경험, 지식을 연결할 수 있는 핵심 주제, 하위 주제, 메시지를 찾아보자. 이때 앞서 배운 '3의 법칙'을 활용해도 좋고, 마인드맵과 같은 도구를 사용해도 좋다. 나에게 가장 편한 방법으로 내용을 정리하되, 청중의 관점에서 벗어나지 않도록 노력해야 한다.

Step 2: 배열

말할 내용을 정했으면 그것들을 어떻게 배열할지 생각해보자. 특정 테마별로 묶어서 전달할 것인지, 시간순으로 전달할 것인지, 문제와 해결 방안순으로 전달할 것인지에 대해 고민해야 한다. 스피치가 익숙하지 않다면 처음에는 서론, 본론, 결론순으로 배열해보고, 발표가 익숙해지면 다양한 배열 방식을 사용하는 것이 좋다.

Step 3: 표현

여기까지 잘 해냈다면 발표의 대주제, 그것을 이루는 소주제와 메시지들로 이루어진 스피치의 기본 골격이 그려졌을 것이다. 이제 주요 메시지에 살을 붙여보자. 이 과정에서 단어 사용이 적확한지, 문장 설명이 모호하지는 않은지 검토하며, 자신의 메시지가 최대한 명확하게 전달되도록 고쳐나간다. 이때 중요한 것은 내가 말하는 내용을 머릿속에 그릴 수 있어야 한다는 점이다. 이를 위해 추상적인 단어나 문장은 모두 구체적인 것으로 바꾸는 게 좋다.

Step 4: 암기

어떻게 표현하는 것이 효과적인지 결정했다면 지금까지 고민한 내용을 직접 써보고 암기할 차례이다. 많은 사람이 발표 전 모든 내용을 써보고 그대로 외우라고 하지만, 대본 암기는 투자하는 시간에 비해 효과적이지 못하다. 문장 하나하나를 다 써서 외우는 것보다는 주요 메시지를 중심으로 키워드를 넣어 암기하는 것이 더 효과적이다. 대본을 통째로 외울 경우 대본 문장 하나하나에 집중해 말이 부자연스러워질 수도 있고, 한 번 흐름을 놓치면 되돌리기 힘들기 때문이다. 반면 키워드 중심의 개요서 형식으로 스피치를 준비해 암기하면 자연스러운 스피치가 가능하다. 이와 관련해서는 토론 스피치를 다루는 5장에서 더욱 자세히 살펴볼 것이다.

Step 5: 전달

마지막으로 준비한 대본이나 개요서를 바탕으로 직접 스피치를 해봐야 한다. 지금까지 준비한 내용이 나의 입을 통해 잘 전달되는지 목소리, 자세, 제스처 등을 확인하면서 실전처럼 발표하는 연습을 해보자. 각각의 단계를 거르지 않고 제대로 준비했다면 말하고자 하는 내용의 개요가 머릿속에 그려질 것이다. 그리고 다양한 경우의 수를 고려하며 스피치를 준비했기 때문에 발표에 대한 불안도 훨씬 경감될 것이다.

단계	내용	방법론
착상 (Invention)	스피치의 내용을 생각해내는 과정 청중 분석을 바탕으로 청중이 듣고 싶은 것과 화자가 전달하고 싶은 것의 균형을 맞추는 것이 핵심 "무엇을 말할 것인가?"	브레인스토밍
배열 (Disposition)	착상 과정을 통해서 떠올린 내용을 청중이 잘 이해할 수 있는 순서로 조직하는 과정 "어떤 순서로 말할 것인가?"	3단 구성 시간적 조직법 인과적 조직법 문제 해결식 조직법 등
표현 (Style)	가장 효과적으로 말하는 방식을 찾는 과정 "어떻게 말할 것인가?"	정확성, 적절성, 명료성, 선명성

암기 **(Memory)**	준비한 내용을 효과적으로 전달하기 위해 암기하는 과정 과거: 대본대로 발표하는 것 VS 현재: 주요 메시지에 살을 붙이는 것 "어떻게 외울 것인가?"	키워드 발표 개요서 작성 큐카드 사용
전달 **(Delivery)**	청중을 대면한 상태에서 발표하는 과정 "어떻게 발표할 것인가?"	리허설 언어적·비언어적 요소 사용

필자가 처음 토론을 접했을 때는 위 내용조차 익히지 못한 채 무작정 토론 경기에 참여했었다. 그래서 첫 6개월 동안은 수없이 패배를 경험했다. 청중에게 의견을 제대로 전달하지 못하고 토론을 끝낸 결과, 성과도 안 좋았고 학습 효과도 더뎠다. 나 자신조차 나의 논리를 명확하게 정리하고 표현하는 방법을 몰랐으니, 심사위원과 청중이 나의 말을 제대로 이해하지 못하는 것은 당연한 일이었다.

스피치를 준비할 때 5단계 방법을 잘 활용해보자. 대중 앞에서 긴장하며 어쩔 줄 몰라 하는 사람, 난 원래 말을 못한다고 생각하는 사람, 자신의 말에 설득력이 없다고 생각하는 사람도 충분히 바뀔 수 있다. 자신의 능력을 한정 짓기 전에 5단계 과정을 거쳐 발표를 준비한다면, 단언컨대 더욱 자신감 있게 말할 수 있을 것이다.

발표를 할 때 가장 먼저 고려해야 할 사항은 말하고자 하는 내용에서 어떤 부분을 강조할지 정하는 것이다. 어떤 메시지에 청중이 집중하기를 원하는지, 발표를 끝냈을 때 청중이 기억해주었으면 하는 내용이 무엇인지 정해야 한다.

기본적으로 청중은 수동적인 존재이다. 대부분 사람은 발표에 귀를 기울이지 않거나 최소한의 집중력만을 사용해 발표 내용을 이해하길 원한다. 주제에 대한 청중의 관심도가 높고 청중이 발표에 집중하더라도 청중은 원하는 것, 혹은 이해하기 편한 것을 취사선택하는 경향이 있다.

발표자로서 우리는 이러한 제약을 인정하고, 의도한 대로 주요 메시지가 전달되도록 할 수 있는 모든 수단을 써야 한다. 물론 "이것은 정말 중요하니 꼭 기억하셔야 합니다"라고 말하는 정공법을 택할 수도 있다. 하지만 모든 주요 메시지에 이렇게 말하면 발표의 흐름이 끊길 것이다. 따라서 우리의 몸과 언어 등 모든 수단을 적절히 사용해 주요 메시지를 강조할 수 있어야 한다.

연단에 올라서서 마이크를 잡고 발표하는 일은 밴드가 무대 위에서 공연하는 것과 유사하다. 밴드의 연주자가 기타, 베이스, 드럼 등 각각의 악기를 적절히 사용하고, 모든 악기가 잘 어우러질 때야 비로소 좋은 공연이 완성되듯, 발표자 역시 청중을 대면하고 청중의 반응을 살피며 다양한 방식으로 그들을 만족시켜야 한다. 발표자에게 있어 목소리와 몸이 밴드 공연에서의 악기에 해당하는데, 악기는 언어적 요소(목소리)와 비언어적 요소(몸)로 나뉜다.

먼저 언어적 요소인 호흡과 발성, 발음 등을 잘 훈련하면 말의 전달력을 높일 수 있다.

호흡과 발성

발표할 때 제대로 호흡하는 것은 상상 이상으로 중요하다. 호흡과 발성은 말을 전달하는 토대가 되기 때문이다. 말할 때 우리는 숨을 내쉬는데, 발성을 하기 위해서는 평소보다 많은 양의 숨을 들이마셔야 한다. 호흡은 발성으로 이어지므로 제대로 호흡하지 않으면 목소리가 잘 들리지 않거나, 탁한 소리가 나거나, 심한 경우 일종의 음이탈을 하게 된다. 이는 노래를 잘하는 원리와도 같은데, 노래를 잘하는 사람을 관찰해보면 음절마다 안정적으로 호흡하는 것을 볼 수 있다. 연기자, 가수들이 평소 복식호흡을 하는 것처럼 발표할 때도 복식호흡을 하면 명확한 발성이 가능하다.

안정적인 호흡을 할 수 있다면 그다음으로 목소리 크기를 체크해야 한다. 이때는 맨 뒤에 있는 사람 혹은 나에게서 가장 멀리 떨어져 있는 사람에게까지 발표자의 목소리가 잘 들리게 소리를 내야 한다.

대부분 앞에서 3번째 줄까지 잘 들릴 수 있도록 발성을 조절하는데, 이 경우 말의 힘이 떨어지기 쉬우므로 발표 전 뒤에 있는 사람도 잘 들리는지 확인해야 한다. 확인이 어려운 상황이라면, 말했을 때 자신의 목소리가 약간의 에코로 돌아오는 정도로 목소리 크기를 맞추는 것이 가장 좋다. 만약 발표 내용을 떠올리는 것만으로도 벅차다면 '목소리를 크게 내야 한다'만 기억해도 꽤 효과가 있을 것이다.

또한 발표할 때 자신의 자세를 확인해야 한다. 여러 강의에서 실습을 시켜보거나 심사를 하다 보면 구부정한 자세로 발표하는 사람이 많다. 잘못된 자세는 가슴을 통해 이어지는 숨의 흐름을 방해해서 전달력을 낮추므로 되도록 허리와 어깨를 펴고 곧은 자세로 말하는 게 좋다. 어깨를 활짝 펴고 숨을 적당히 들이마신 후에 맨 뒷사람도 들을 수 있을 정도의 목소리로 발표를 해보자.

발음

명확하게 발음하는 것은 대화와 발표의 기본이다. 그런데도 많은 사람이 자신의 발음에 별로 신경을 쓰지 않는다. 발음만 명확히 해도 전달력을 배 이상 높일 수 있는데 말이다. 볼펜을 물고 연습하는 등 여러 발음 훈련법이 있지만, 말할 때 발음을 제대로 하는지 의식만 해도 발음이 좀 더 명확해질 것이다.

그리고 발표할 때 가능한 한 입을 크게 벌리고 말하면, 발음 문제의 상당수가 해결된다. 한국어뿐만 아니라 영어 발음까지 교정이 가능하다. 많은 사람이 입을 거의 벌리지 않고 말하는 습관이 있는데, 듣는 사람 입장에서는 단어가 아닌 웅얼거리는 소리로 들리고, 그 말을 이해하기 위해 더 많은 에너지를 쏟게 된다. 참을성 없는 청중은 이내 듣기를 포기해버린다. 반면 입을 크게 벌리고 말하면 단어 하나하나가 또렷하게 전달되어 청중은 내용 자체에 집중하게 된다.

또한 입을 크게 벌리고 말하면 비언어적 요소가 강화된다. 청중은 귀로 듣지 않더라도 눈으로 입 모양을 보고 무슨 말을 하는지 이해할 수 있다. 즉, 청각 정보에 시각 정보를 더해 말의 명확성을 높이는 것이다. 입을 거의 다물다시피 하고 말하는 것은 마스크를 쓰고 대화하는 상황과 유사하다. 얼굴의 상당 부분을 가리고 대화하면 발음, 음량 등 다른 조건이 동일하더라도 입 모양과 표정을 볼 수 없어 서로의 말을 잘 이해하지 못한다. 이처럼 우리가 들어서 이해하고 있다고 생각하는 것 중 많은 부분이 보는 것과도 연관되어 있다.

발표에 익숙하지 않은 사람이라면 목소리를 크게 하고 정확하게 발음하는 데만 집중해도 전달력이 높아질 것이다. 큰 노력을 들이지 않고 당장 개선할 수 있는 문제이니 자신의 호흡, 발성, 발음에 항상 유념하자.

목소리를 활용해 상대방에게 내 의견을 잘 전달할 수 있다면, 다음으로는 상대방이 계속해서 내 이야기에 관심을 갖고 어떤 부분이 중요한지 알 수 있도록 역동적으로 전달할 방법이 필요하다. 이는 다음의 '쉼 기법'을 통해 달성할 수 있다.

쉼

'쉼 기법'이란 발표 중간에 잠시 말을 멈추는 것이다. 청중은 발표자의 핵심 메시지가 무엇인지 알지 못할 수 있다. 이때 쉼으로 강조하면 중요한 부분을 돋보이게 만들고, 요지를 더욱 효과적으로 전달할 수 있다. 예를 들면 이런 것이다.

- 빈곤은 개인의 책임이 아니라 사회의 책임입니다.

- 빈곤은 개인의 책임이 아니라 / 사회의 책임입니다.

만약 강조하고자 하는 메시지가 '사회의 책임'이라면, 첫 번째 예시처럼 쉼 없이 말하는 것보다는 두 번째 예시처럼 잠시 말을 멈추어 청중의 이목을 끄는 것이다. 간혹 발표할 때 말을 멈추는 것을 절대 해서는 안 되며, 청중에게 나쁜 인상을 준다고 여기는 사람이 있는데, 이는 틀린 말이다. 쉼은 메시지를 강조하기 위해서 필요한 장치이다. 또 무슨 말을 할지 까먹었을 때 고요함을 이기지 못해 아무 말이나 내뱉는 사람이라면, 당황하지 말고 보조 자료를 찾은 후에 발표를 이어나가면 된다. 발표자에게 침묵이 길게 느껴지는 것이지 청중에게는 찰나의 순간일 뿐이니 부담감을 내려놓아도 된다.

핵심 메시지를 강조하는 또 다른 방법은 동일한 단어나 문장의 구조를 반복하는 것이다. 이는 영국 수상 윈스턴 처칠이 그의 연설에서 자주 사용했던 방법이기도 하다. 그는 1941년 영국 해로우 고등학교 졸업식에서 다음과 같이 말했다.

"절대 포기하지 마십시오. 절대 포기하지 마세요. 절대, 절대, 절대, 절대로! 엄청난 일이건 작은 일이건, 크건 하찮건 상관 말고, 명예로움과 분별에 대한 강한 확신이 있는 경우가 아니라면, 절대 포기하지 마십시오. 절대 무력에 굴복하지 마십시

오. 적의 힘이 압도적으로 보일지라도 절대 굴복하지 마십시

오(Never give in. Never give in. Never, never, never, never—in nothing,

great or small, large or petty—never give in, except to convictions

of honour and good sense. Never yield to force. Never yield to the

apparently overwhelming might of the enemy)."

그는 '절대'를 반복해서 말함으로써 '포기하지 말라'는 핵심
메시지를 강조했다. 연설에 귀 기울이지 않았던 학생도 '포기하
지 말라'는 메시지는 기억했을 것이다.

또 다른 예시를 보자. 전 미국 대통령 버락 오바마는 2004년
민주당 전당대회 기조연설을 통해 전국적 지명도를 가진 정치인
반열에 올라섰다. 오바마 역시 연설에서 반복 기법을 활용해 핵
심 메시지를 강조했다.

"국민 여러분, 오늘 밤 저는, 이 나라는 보수의 미국도, 진보의

미국도 아닌 미합중국이 있을 뿐이라고 밝히는 바입니다. 흑인

의 미국도, 백인의 미국도, 히스패닉계의 미국도, 아시아계의

미국도 아닙니다. 오직 미합중국이 있을 뿐입니다(Well, I say to

them tonight, there's not a liberal America and a conservative America—

there's the United States of America. There's not a black America and

white America and Latino America and Asian America; there's the United

States of America)."

고저

말의 높낮이를 이용해 중요한 부분을 강조하는 방법이다. 이 때 말끝을 반복적으로 올리지 않도록 유의해야 한다. 말끝을 반복적으로 올리면 불안하고 자신감이 없어 보이거나 다소 격식 없는 인상을 남길 수 있다. 어린아이들의 말 습관을 떠올리면 쉽게 이해될 것이다. 반면 문장 끝을 내리면 권위가 느껴져 발표자가 자신이 하는 말에 확신이 있다는 인상을 줘서 설득력을 높일 수 있다.

강약

말소리를 크게 하거나 작게 함으로써 청중의 관심을 끌고 핵심 메시지를 강조하는 방법이다. 보통 크기의 목소리로 말하다가 강조해야 할 부분이나 단어에서 크게 말하거나, 반대로 목소리를 확 줄여 전달력을 높이는 것이다. 대중을 대상으로 한 유명 강사나 종교 지도자가 주로 사용하는 방법으로, 말에 생동감을 주어 자연스레 청중의 집중도가 올라간다.

속도

말하는 속도를 조절해 메시지를 강조하는 방법이다. 필자가 수강했던 한 수업은 토의와 발표가 많았는데, 유난히 말이 느린 학생이 몇 명 있었다. 평소에는 괜찮다가도 여러 과제로 몸이 피곤할 때면 그들의 발표 1분이 10분처럼 느껴지곤 했다. 중요하지 않은 부분까지도 느리게 말하다 보니 발표자의 말에 흥미를 잃게 된 것이다. 반면, 말의 속도가 너무 빠르면 알아듣기 어렵고, 듣는 사람은 무엇이 중요한지 파악하기 힘들다. 유독 토론대회에서 말을 빠르게 하는 발표자가 많은데, 이는 설득에 전혀 도움이 되지 않는다.

강조할 부분은 의도적으로 천천히 말하되, 그렇지 않은 부분에서는 속도를 올리며 '말의 속도에 변화를 줘서' 지루함을 없애고 핵심 메시지를 강조하는 게 중요하다.

머릿속에 이미지를 그려주는
비언어 악기

누군가의 발표를 듣고 있다고 상상해보자. 학교 수업이어도 좋고, 회사 동료의 발표여도 좋고, 강연이어도 좋다. 이때 우리는 의식적으로 발표자의 말과 PPT 자료 등에 집중하고, 이를 통해 내용을 이해하고 기억할 것이다. 그런데 말과 자료 외에도 우리의 이해도, 기억력, 흥미에 큰 영향을 미치는 게 있다. 바로 비언어 요소이다.

우리는 무의식적으로 상대방의 몸짓에 다각도로 영향을 받는다. 미국 UCLA 심리학과 명예교수인 앨버트 메라비언은 그의 저서 《Silent Messages》에서 말하는 내용의 무려 55%가 신체언어를 통해 전달된다고 발표했다. 물론 비언어적 요소가 메시지와 관련이 있고 보완할 수 있을 때 그렇다는 것이다.

발표자는 청중이 이해하고 기억하기 쉬운 방식으로 내용을 전달해야 한다. 목소리를 활용해 전달력을 높이는 방법에 더해 이번에는 몸을 활용해 내가 하는 말의 전달력을 높이는 방법을 알아보자.

시선 처리

발표할 때 발표자의 시선은 청중을 향해야 하며, 그중에서도 구체적으로 누군가와 눈을 맞추어야 한다. 시선을 청중에게 두면 3가지 측면에서 도움이 된다. 하나는 청중에게 발표자로서 자신감 있는 인상을 주어 신뢰를 얻을 수 있다. 다른 하나는 청중의 반응을 살필 수 있다. 마지막으로 청중과 교감함으로써 청중의 집중을 유도할 수 있다.

눈을 맞출 때는 한 사람에게 시선을 두되, 한두 사람에게만 고정해서는 안 된다. 청중이 불편해할 수 있으므로 3~5초 정도 시선을 유지하고, 가끔은 청중 전체를 쓱 훑어보며 골고루 시선을 나눠야 한다. 시선의 방향을 바꿀 때는 눈이나 목만을 돌리지 말고 가슴도 함께 움직여 청중을 바라봐야 한다.

자세

시선 처리와 마찬가지로, 말할 땐 몸도 항상 청중을 향해야 한다. 파워포인트 장표가 있는 발표의 경우 장표 화면을 확인하기 위해 몸을 뒤로 돌리는 경우가 많은데, 청중에게 자신의 뒤통수가 보이지 않도록 유의해야 한다. 발표 준비 과정에서 암기가 중요한 이유이다. 이때 슬라이드의 세부 내용을 암기하기보다는 흐름을 기억하는 것이 중요하다. 간혹 스스로 의식하지 못한 채 계속 뒤돌아보는 습관을 지닌 사람도 있다.

한 지자체와 함께 인문학 콘서트를 개최했을 때의 일이다. TED 방식의 공개 발표 심사를 하는데, 참가자 중 상당수가 아무 이유 없이 계속 슬라이드를 돌아보는 것이 아닌가. 발표의 개요를 숙지했음에도 불구하고 습관적으로 뒤를 돌아보는 모습은 매우 불안정해 보였고, 몇몇 발표자는 그 빈도가 너무 심해 전달력이 떨어지기도 했다. 발표할 때 반복적으로 슬라이드나 아무것도 없는 칠판을 돌아보는 습관이 있다면 자세부터 고치도록 하자.

동선

발표 전 객석을 향해 가상의 V존을 만들어보자. 발표 중에는 이 V존 안에 90% 이상의 청중을 들어오게 하고 청중을 직접 대면하는 것이 좋다. 움직이는 동안에도 계속해서 V존을 조정하며 청중을 마주해야 한다. 또한 모든 동선에는 의도가 있어야 한다. 이를테면, 청중과의 심리적 거리를 좁히기 위해서인지, 화제를 전환하기 위해서인지 움직이는 데도 의도가 필요하다. 특히 하나의 주요 메시지에서 다른 주요 메시지로 넘어가거나 대비되는 예시를 제공할 때 움직임을 다른 방향으로 전환하면 청중이 더욱 쉽게 발표의 흐름을 따라갈 수 있다.

손동작

제스처는 말하는 내용을 생생하게 만들어주어 발표자가 자주 사용하는 방법이다. 하지만 너무 지나친 제스처 혹은 하나의 제스처만 반복하는 것은 산만한 인상을 주므로 피해야 한다.

예를 들어 "오늘 3가지 주제에 대해 말씀드리겠습니다"라고 말할 때 숫자를 손으로 표현하는 것부터 시작하면 쉽다. 기본적인 제스처에 익숙해지면 평소 좋아하는 연사의 강의, 발표를 눈여겨보면서 그들의 손동작을 벤치마킹해도 좋다.

내가 준비한 발표의 청중이 되었다고 상상해보자. 한 손에는 노트를, 다른 한 손에는 펜을 들고 발표를 듣고 있다. 이때 발표자가 단조로운 톤으로 발표 자료를 읽기만 한다면 그 많은 정보 중 어떤 내용이 핵심인지 파악하기 어려울 것이다. 이에 반해 발표자가 중요한 부분에서 속도를 늦추거나 목소리 크기를 키우는 등 역동적으로 말한다면 발표자와 핵심 내용에 더 쉽게 집중할 수 있다.

발표자는 언어 악기와 비언어 악기를 모두 사용할 수 있고, 몇 몇 악기를 조합해 더욱 효과적인 스피치를 할 수 있다. 발표자의 역할은 몸의 악기를 잘 사용해 청중이 자신의 말에 최대한 집중 하도록 유도하는 것이다. 가능한 모든 수단을 동원해 내 말을 상 대방이 이해하게끔 하고, 발표의 핵심을 잘 전달해 설득하는 게 중요하다.

딱 한 장으로 정리해서 말하는 '원 페이지 스피치 개요서'

발표를 잘하기 위해서는 머릿속에 무엇을 말할지 일종의 지도를 그리는 것이 중요하다. 발표 내용을 구상하고 그중 주요 내용을 간추린 후 스피치의 흐름을 한눈에 알아볼 수 있도록 해야 한다. 이때 '원 페이지 스피치 개요서'를 작성하는 것이 도움이 된다.

A4용지 한 장을 준비해 서론(Opening), 본론(Body), 결론(Conclusion)으로 나눠보자. 비중은 보통 2:8:2 정도가 적당하다. 서론에서는 흥미로운 내용을 제시하며 발표 주제로 자연스럽게 이어질 수 있도록 하자. 이때 질문이나 예상치 못한 문제를 제기하면 좋다. 본론에서는 주제를 다시 3개의 핵심

메시지로 나누고, 하나하나 설명을 해나가자. 이때 자신의 의견과 사실은 구분해야 하며 이 둘을 적절하게 사용해야 한다. 마지막으로 결론에서는 핵심 메시지를 다시 한번 요약 정리하거나, 서론에서 제시한 이야기를 맺거나, 특정한 방향으로 행동하도록 유도해야 한다.

이 모든 내용을 다음 형식에 맞춰 한 장에 정리하면 전달하고자 하는 내용의 흐름이 더욱 명쾌하게 머릿속에 그려질 것이다.

서론(Opening)

- 일화 소개
- 청중의 관심이나 발표 주제로 관심을 유도하는 질문 또는 문제 제기

본론(Body)

• 핵심 메시지 1	• 핵심 메시지 2	• 핵심 메시지 3
– 하위 메시지	– 하위 메시지	– 하위 메시지
– 부연 설명	– 부연 설명	– 부연 설명

결론(Conclusion)

- 개관 또는 요약
- 행동 유도
- 인상적 문구

제한 시간 내
핵심을 전하는 말하기 구조

- 1분 안에 자기소개를 하시오.
- 2분 안에 자신의 의견을 말하시오.
- 3분 안에 자신의 사업에 대해 설명하시오.

요즘은 짧은 시간 안에 할 말을 압축해 전달하는 것이 그 어느 때보다 중요해졌다. 직업과 나이를 막론하고 자신을, 하는 일을, 정보를 단시간 내에 전달하는 일이 많아진 것이다. 그런데 막상 제한 시간 내에 내가 말하고자 하는 바를 전달하려고 하면 머리는 새하얘지고 무슨 말을 해야 할지 모르는 경우가 많다. 소위 '엘리베이터 피치'나 '칵테일파티 대화'라 불리는 이러한 말하기를 하기 위해서는 머릿속에 있는 수많은 정보를 정리해줄 틀이 필요하다. 다음의 공식을 숙지해두었다가 적절히 사용하기를 추천한다.

정보 제공 구조

•

정보 제공을 목적으로 하는 말하기 구조로 ① 일반 정보를 제시하고 ② 흥미를 유도할 수 있는 구체적인 정보를 공유한 후 ③ 결론을 맺는 방식이다. 특히 짧은 시간 안에 자기소개를 해야 하거나 토론에서 첫 발언을 할 때 유용하다.

먼저 내가 말하는 내용을 듣는 사람이 바로 이해할 수 있게 설명하고, 흥미가 생기도록 구체적인 정보를 던지는 것이다. 마지막으로 듣는 사람이 세부 내용에 대해 질문할 수 있도록 발언을 마무리한다.

문제 해결 구조

•

누군가를 설득해야 할 때 주로 쓰이는 구조로 ① 문제점을 제시하고 ② 그에 대한 해결책을 설명한 후 ③ 해결책의 효과를 뒷받침할 수 있는 자료(증거) 제시순으로 말하는 방식이다. 토론, 사업 아이디어 제안, 정책 제안, 입사 면접 등 여러 상황에 적용할 수 있다.

예를 들어, 내가 사는 도시의 쓰레기 문제에 대한 정책 제안을 한다고 가정해보자. 이 경우 시의 쓰레기 배출량이 많은데도 쓰레기통이 매우 부족하기 때문에(문제점), 이를 해결하기 위해 쓰레기통을 확대 설치해야 하고(해결책), 연구 결과에 따르면 쓰레기통을 하나 설치할 때마다 쓰레기 무단투기율이 ○○% 만큼 감소한다(증거)고 간략하게 정리해 말할 수 있다.

이야기 구조

•

화자의 말에 듣는 사람이 귀를 기울이게 만드는 말하기 구조로 꿈, 포부, 계획에 대해 이야기할 때 유용하다. 먼저 ① 주제나 계획 등에 대해 배경 설명을 하고 ② 지금까지 있었던 여러 사례를 제시한 후 ③ 다음 목표나 계획을 공유하며 말을 맺는다. 배경 설명을 할 때는 서두에 말하고자 하는 주제를 선정하게 된 경험을 제시하는 것이 중요하다. 그러고 나서 지금까지 특정 목표를 달성하기 위해 무엇을 해왔는지 연도순으로 이야기를 풀어가면 된다.

마지막으로 짧은 분량의 스피치를 준비할 때 주의해야 할 것이 있다. 많은 내용을 담으려고 하기보다는 하나의 내용을 명확하게 전달하는 데 초점을 맞춰야 한다. 나를 드러내려고,

상대방에게 좋은 인상을 주려고 욕심을 부리면 이도 저도 아닌 게 된다. 또한 미리 글을 써서 준비해야 한다면 말하는 것처럼 글을 써서 준비하는 것이 좋다. 말과 글은 표현 방식에서 큰 차이가 있고, 짧은 스피치일수록 작은 것에 더 영향을 받기 때문이다.

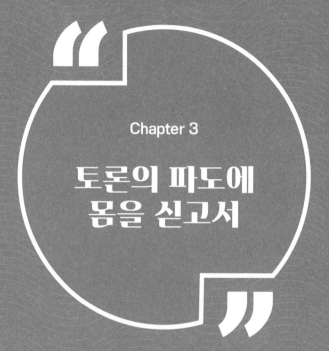

Chapter 3

토론의 파도에
몸을 싣고서

진리인가, 경험인가:
논리를 구성하는 2가지 방법

  토론의 주요 목적은 상대방을 설득하는 데 있다. 나와 다른 배경에서 자라고, 다른 세계관을 지닌 사람에게 내 생각을 이해시키고 동의를 구하는 과정이다. 따라서 상대를 설득하기 위해서는 개인의 의식 흐름에 따라 생각과 의견을 전달하는 것이 아니라 논리적인 구조에 맞춰 체계적으로 전달할 수 있어야 한다. 기본적인 논리조차 갖추지 않은 주장은 이해하기 어려울 뿐만 아니라 아무런 설득력이 없기 때문이다.

  생각과 의견을 논리적으로 전달하는 것은 단순히 메시지를 전달하는 일 이상이다. 우리가 증명해야 할 명제나 판단을 '입증'해야만 생각과 의견이 논리적으로 전달되었다고 볼 수 있고, 최소한의 설득력을 얻을 수 있다. 즉, 모든 토론자는 관련성 있는 근거, 사실 자료를 바탕으로 논리적인 추론을 통해 주장의 정당성과 옳음을 보여줄 수 있어야 한다.

이때 논리적 논증 방법을 이해하고 토론에 적용하는 것이 필요하다. 토론자는 논제에 찬성하거나 반대하는 이유를 상대팀에게 명확한 논리 구조에 따라 설명하고, 이로써 청중 혹은 심사위원을 설득해야 한다. 논리를 전개하는 방법은 크게 2가지로 나뉘는데, 나의 의견을 증명하기 위해 사실 혹은 진리에서 출발하느냐, 여러 현상과 경험에서 출발하느냐이다. 논리학에서는 전자를 연역적 논증, 후자를 귀납적 논증이라고 부른다.

연역적 논증 방법

사실 혹은 진리를 전제로 시작해 연역적 도출을 통해 결론을 이끌어내는 논증 방식이다. 즉, 경험이 아닌 논리적인 규칙을 통해서 결론을 입증한다. 가장 많이 쓰이는 방법이 삼단논법 (Syllogism)으로 다음과 같은 구조를 띤다.

- 대전제 → 소전제 → 결론
  예: A는 B이다. → C는 A이다. → C는 B이다.

'모든 사람은 죽는다'라는 사실, 즉 대전제가 있다고 치자. 이때 '미국 대통령은 사람이다'라고 소전제를 제시하면 자연스럽게 '미국 대통령은 죽는다'라고 결론을 이끌어낼 수 있다. 연역 논증에서 주의해야 할 점은 전제와 결론이 반드시 참이어야 한다는 것이다.

모든 사람은 죽는다. → 미국 대통령은 사람이다. → 미국 대통령은 죽는다.

위 예시의 대전제에서 '모든 사람은'을 '일부 사람만'으로 바꾸면 해당 예시는 논리적으로 틀린 것이 된다. 전제 중 하나라도 참이 아니거나 타당하지 않으면, 주장이 거짓이고 설득력을 잃게 되므로 사실 관계를 명확히 해야 한다.

귀납적 논증 방법

개개의 현상과 경험을 종합해 귀납적 도출을 통해 일반적 결론을 이끌어내는 논증 방식이다. 인과 관계를 증명하는 데 주로 사용되며, 기본 구조는 다음과 같다.

- 전제(사실) 1, 전제(사실) 2, 전제(사실) 3 … → 결론
  예: A는 Z이다, B는 Z이다, C는 Z이다. → 모든 것은 Z이다.

한 개인이 연구를 통해 '식물은 영양을 섭취해야 성장한다'는 사실을 알게 되었다고 가정해보자. 후에 진행한 일련의 연구를 통해 '동물과 사람 역시 영양을 섭취해야 성장한다'는 사실도 알게 되었다. 이러한 정보를 종합하면 '생명이 있는 모든 것은 영양을 섭취해야 성장한다'라고 추론할 수 있다.

식물은 영양을 섭취해야 성장한다, 동물도 영양을 섭취해야 성장한다, 사람도 영양을 섭취해야 성장한다. → 모든 생물은 영양을 섭취해야 성장한다.

이 방식을 따를 때 주의해야 할 점은 전제가 모두 참일지라도 결론이 항상 참으로 이어지는 게 아니라는 사실이다. 동시에 쉽게 여러 내용을 종합하고 해석하는 과정에서 논리적 오류에 빠질 수 있으므로, 이 방식으로 논리를 전개할 때는 더욱 세심한 주의를 기울여야 한다.

이를테면 다음 상황과 같다. 작년에 친구 A는 2개월에 한 번씩 제주도에 다녀왔는데, 매번 화창한 제주도 날씨를 경험하고서 친구 B에게 "제주도 날씨는 항상 화창해"라고 말했다. 이 경우 A가 여러 번 경험을 했을지라도 그 결론이 사실로 성립되지는 않는다. A가 경험하지 못했을 뿐 제주도에는 흐린 날도 엄연히 존재했기 때문이다.

이처럼 논리의 옳음을 입증할 때 우리는 하나의 진리에서 시작할 수도 있고, 개별 현상(경험)에서 시작할 수도 있다. 연역과 귀납 방법을 잘 활용하면 논거를 만드는 기본 토대를 쌓을 수 있다. 동시에 자신의 논리 흐름을 점검하고 상대방의 논리적 오류를 파악하는 데도 유용하므로 기본 개념만이라도 숙지하자.

횡설수설하지 않고
논리적으로 주장하는 PEEL 논증

토론에는 다양한 형식이 존재하고 저마다 규칙도 다르지만, 본질은 같다. 토론에서는 크게 2가지만 잘 해내면 된다. 하나는 우리 측의 입장이 옳음을 증명하는 것이고, 다른 하나는 상대측의 입장이 그름을 입증하는 것이다. 이는 각각 논거와 반박으로 나타나는데, 이 둘은 토론에서 기둥 역할을 하는 가장 핵심적인 요소이다. 먼저 논거를 살펴보자.

논거를 제시한다, 논증을 한다는 것은 곧 나의 주장을 증명한다는 말과 같다. 논증은 나의 주장, 의견, 명제 등이 사실임을 혹은 사실일 가능성이 크다는 것을 입증하는 일이다. 입증되지 않은 주장과 명제는 단순히 나의 의견일 뿐 어떠한 설득력도 갖지 못한다. 누군가가 "돈이 많은 사람에게는 한국이 세계에서 가장

살기 좋은 나라야"라고 생각을 밝혔다고 가정해보자. 이 명제가
설득력이 있으려면 근거와 이유가 필요하다. 이를 증명하지 못하
면 주장은 한 개인의 의견일 뿐 어떠한 객관성도 확보할 수 없다.

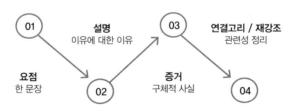

그렇다면 의견을 효과적으로 증명하기 위해서는 무엇을 해야

할까? 먼저 나의 주장을 뚜렷이 나타내는 요점을 제시해야 한다. 자신의 주장을 직접적으로 표현하지 않는 우리나라 문화의 특성상 요점을 마지막에 제시하거나 에둘러서 표현하는데, 이는 논거 자체를 불명확하게 만드는 주범이다. 두괄식으로 결론을 먼저 제시해줘야 듣는 입장에서도 상대방의 말을 이해하고 예측하기 쉽다. 또한 흥미로운 이야기로 시작하지 않는 이상 요점을 처음부터 밝혀야 청중의 관심을 끌기 쉽다. 요점이 무엇인지 먼저 알게 되면 우리의 뇌는 그 의견을 뒷받침하는 정보 조각을 채우고 싶어 하기 때문이다.

한 문장으로 요점을 제시했다면 그것이 의미하는 바가 무엇인지 구체적으로 설명해야 한다. 이때는 상대방이 이해하기 쉬운 언어로 왜 그런지, 어떻게 그런지를 설명해야 한다. 그래야 비로소 상대방은 나의 주장이 무엇인지 귀를 기울이고 내가 말하고자 하는 바를 이해할 것이다. 앞에서 다룬 연역적 논증 방법을 사용해 논리적 설명으로만 나의 주장을 증명할 수도 있다.

다음으로, 설명에 더해 나의 주장을 한층 구체화해줄 무언가가 필요하다. 개인의 설명만으로는 설득하는 데 한계가 있기 때문이다. 이때는 증거 자료를 제시해야 한다. 증거는 나의 주장과 설명을 뒷받침하는 구체적이고 모두가 믿을 수 있는 '사실(Fact)'이다. 통계, 연구 결과, 신문 기사, 과거 사례, 전문가의 분석 그리고 법원 판례 등이 해당한다. 가설과 비유 또한 근거의 한 유형으로 사용할 수 있지만, '사실'에 비해 설득력이 낮다. 많은 사람이 자신의 주장을 내세울 때 책이나 유명 학자의 말을 인용하곤 하는데, 이러한 시도는 개인적인 의견에 객관성을 확보하고 설득력을 높이기 위한 것으로 볼 수 있다.

상대방이 이해하기 쉬운 방식으로 나의 주장을 부연 설명하고, 적절한 증거까지 제시했다면 논거의 기본적인 구조는 갖춰진 셈이다. 그러면 상대방이 설득될 가능성이 더욱 높아진다.

대부분 이쯤에서 논거를 끝내지만, 자신의 주장을 재강조하는 과정이 필요하다. 토론에서 어떠한 이슈에 대해 자신의 주장을 제시하고 설명한 다음 관련 증거와 엮는 과정이 복잡해질 수 있기 때문이다. 따라서 상대방이 이해하기 쉽게 설명과 증거 간에, 주장과 논제 간에 연결고리를 명확하게 말로 설명하고, 자신의 주장을 재강조하는 것이 설득에 효과적이다. 또한 논거 요소 간에 상관성을 재강조하는 과정은 나의 논거가 논리적으로 모순이 없는지, 논거가 주제와 관련이 있는지를 검토하는 데 매우 유용하다. 억지로 논리적 연결고리를 만들 수는 없기 때문이다.

재강조를 해야 하는 또 다른 이유는 청중을 배려하기 위해서이다. 발표자가 자신의 주장을 증명하기 위해 긴 설명과 자료를 제시하는 동안 청중은 화자가 전달하고자 하는 핵심 메시지를 놓치기 쉽다. 대부분 청중은 수동적이며, 제시한 정보를 해석하는 데 많은 에너지를 소모하기 싫어한다. 그래서 연결고리를 다시 한번 말로 짚어주는 과정이 필요하다. 이는 청중이 비교적 적은 에너지로 제시된 정보를 이해하게 만든다.

요점(Point)	"한마디로 뭔데?" 논거를 가장 잘 나타내는 하나의 문장
설명(Explanation)	"그래서 내가 하고자 하는 말은…" 주장이 성립되는 이유에 대한 구체적인 설명('이유 에 대한 이유', '왜? 어떻게?')
증거(Evidence)	"그래도 내 말을 못 믿겠다면…" 이유를 뒷받침할 수 있는 구체적인 사실(통계, 신문 기사, 전문가의 분석, 법원 판례 등) 또는 적절한 가설 과 비유
연결고리 / 재강조(Link)	"그래서 뭐 어쨌는데?" 요점과 설명, 설명과 증거, 논거와 주제 간의 관련 성 강조

이제 PEEL 논증 구조를 실전 토론 주제에 적용해보자.

[예시 1]

논제: 베짱이의 삶이 개미의 삶보다 낫다고 생각한다.

요점	베짱이는 개미보다 행복했다.
설명	베짱이는 오늘의 햇살을 찬양하며 기타 치고 노래를 했다. 반면 개미는 언젠간 다가올 미래를 위해 매일같이 일만 했다. 행복은 목적이 아니라 과정이다. '언젠간 행복해지겠지'라는 생각으로 미래의 행복만을 바라보고 사는 사람의 현재는 결코 행복하지 않다. 그러한 사고방식은 일상의 굴레에 스스로를 가두는 것이 다. 베짱이는 좋아하는 일을 하며 매일매일 즐겁게 사는 멋쟁이 였다.

증거	《내가 알고 있는 걸 당신도 알게 된다면》의 저자이자 세계적인 사회학자인 칼 필레머는 연구를 위해 사회 활동에서 은퇴한 70~80대의 노인들을 관찰하고 인터뷰했다. 그는 노인들에게 삶의 지혜를 공유해달라고 요청했는데 그중 가장 흥미로운 내용은 그 누구도 '젊을 때 더욱 열심히 일해라'라는 조언을 하지 않았다는 것이다. 되돌아보니 일에 매진하며 보낸 시간이 아까웠으며 오히려 삶을 천천히 즐기며 살았더라면 더욱 행복했을 거라는 의견이 대부분이었다.
연결고리 / 재강조	미래만 내다보며 현재를 놓쳤던 개미보다는 매사를 즐기며 오늘에 충실했던 베짱이가 더욱 행복한 삶을 살았다.

[예시 2]

논제: 본 의회는 최저임금을 2020년까지 1만 원으로 인상할 것을 제안한다.

요점	급격한 최저임금 인상은 일자리 감소로 이어진다.
설명	최저임금을 1만 원으로 인상하기 위해서는 매년 두 자릿수의 인상 폭을 유지해야 한다. 이는 매출 증가 여부와 관계없이 기업들에 과도한 부담을 지운다. 이러한 급격한 변화는 특히 중소기업 고용주나 자영업자에게 타격을 주는데, (중략) 이에 따른 인건비 인상은 인력 감축으로 이어지는 상황이다.
증거	한국경제연구원은 보고서 〈최저임금 인상이 고용과 소득재분배에 미치는 영향〉을 통해 지금과 같이 최저임금을 빠르게 인상한다면 고용은 물론 소득 격차도 확대될 수 있다고 밝혔다.
연결고리 / 재강조	현 최저임금 정책은 근로자의 고용 조건을 개선하고 사회 전체의 소득 분배라는 목적을 달성하기는커녕, 사회 전체의 일자리를 줄이는 악영향을 미치고 있다. 따라서 2020년 시한 최저임금 목표를 재조정해야 한다.

마지막으로, 논거를 만들 때는 논제 자체를 그대로 논거의 요점으로 사용하지 않도록 유의해야 한다.

예를 들면 '사형제도는 사회에 득보다 실이 많다'라는 논제에 대해 '사형제도는 사회에 득보다 실이 많다'라는 논제를 그대로 따와 요점을 제시하는 경우가 그렇다. 여기서 논거는 논제에 대한 우리의 입장을 뒷받침하는 큰 이유를 말한다. 논제에 대해 찬성하거나 반대하는 주요 이유가 있을 텐데, 각각의 주요 이유가 하나의 논거가 되어 나의 입장을 뒷받침하는 것이다. 사형제도의 실이 많다는 입장이면, ① 생명권의 본질적 내용 침해 ② 오판 가능성 ③ 미미한 범죄 예방 효과라는 각각의 논거를 들어 자신의 입장을 지지할 수 있는 것처럼 말이다.

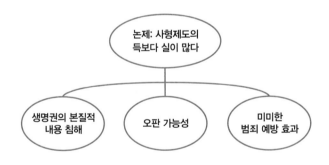

PEEL 논증 구조는 직관적이고 실생활에 바로 적용하기가 쉽

다. 너무 어렵게 생각하지 말고, 앞으로 말을 할 때는 다음과 같이 말하는 습관을 들여보자.

- 저는 …라고 생각해요.
- 왜냐하면 …
- 예를 들어 …
- 따라서 …

이처럼 자신의 생각을 풀어나간다면 말할 때 큰 힘이 생기고, 좀 더 논리적으로 생각하고 말할 수 있을 것이다.

03 | 한 번에 이해하도록 설명하는 3가지 방법

　상대방에게 하고 싶은 말을 정확하고 이해하기 쉽게 전하는 능력은 논리력과 표현력에서 비롯된다. 아무리 좋은 아이디어라고 할지라도 논리에 맞지 않는 이야기는 상대방에게 혼란을 불러일으킨다. 동시에 그 내용을 적절하게 표현할 줄 모른다면 전달력은 떨어질 수밖에 없다.

　표현력, 즉 설명을 잘하는 능력은 나의 의견이 옳다는 것을 증명하는 데 가장 기본이 되는 요소이다. 그런데도 많은 사람이 설명의 중요성을 간과하곤 한다. 대화나 토론에서 자기 생각은 온데간데없고, 무분별하게 자료만 인용하는 것이 대표적인 예이다. 이 경우 파편적인 정보를 나열하는 데서만 그치니 청중은 도대체 말의 요지가 무엇인지, 제시하는 정보가 무엇을 의미하는지 파악하기 어렵다. 따라서 설득력 있는 토론자가 되려면 자료를 모으는 것 이전에 상대방이 쉽게 이해할 수 있도록 나의 논리를 최대한 풀어서 설명해줘야 한다.

주요 단어는 풀어서 설명하자

한 단어에는 많은 의미가 내포되어 있다. 그래서 사람들은 같은 단어라도 다르게 해석하곤 한다. 바로 여기서 화자와 청자 간 혼란이 생긴다. 발표자가 A를 의미하며 A라는 단어를 제시했어도, 듣는 사람의 지식 체계, 경험에 따라 B라고 해석될 수 있기 때문이다.

예를 하나 들어보자. 직장인 C가 옆자리 동료에게 "지금 치킨이 먹고 싶어"라고 말했다. 이 경우 C가 의견을 잘 전달한 것일까? '지금 당장'이라고 시점을 제시해준 것은 좋았지만, C는 의사를 제대로 전달하지 못했다. '치킨'에는 많은 종류가 있어서 상대방은 '후라이드 치킨'을 떠올렸을 수도 있고, '훈제 치킨'으로 해석했을 수도 있기 때문이다. 처음부터 정확하게 "지금 ○○ 치킨이 먹고 싶어"라고 말했어야 했다.

이러한 상황은 수많은 발표, 토론에서 발견되는데, 특히 어떤 분야에 대해 지식이 많을수록 전공 용어, 업계 용어 등을 일반 청중에게 그대로 사용하는 현상이 대표적이다. 그러면 청중은 단어를 듣고도 전혀 이해하지 못하거나 화자가 의미하는 것과는 다른 맥락으로 이해하고 만다.

주요 단어를 풀어서 설명하기 위해서는 주요 단어나 용어가 나올 때마다 그에 대한 정의를 제시해주는 것이 효과적이다. 만약 '게임 중독 질병 분류' 이슈를 주제로 토론한다면 '게임 중독'의 정의는 무엇인지, '질병'의 정의는 무엇인지 차근차근 설명해야 한다.

또한 한 단어가 수많은 의미를 내포하고 있다면 그 단어를 구체화시킬 수 있어야 한다. 예를 들어, 채식주의와 관련된 토론에서 '채식주의자'를 언급할 때 식물성 식품만 섭취하는 '비건(Vegan) 채식주의자'를 의미하는지, 육고기만 먹지 않는 '페스코(Pesco) 채식주의자'를 뜻하는지 정확히 풀어줘야 말의 명확성을 높일 수 있다.

익숙한 것으로 낯선 것을 설명하자

사람들은 새로운 내용을 이미 알고 있는 것과 비교할 수 있을 때 더욱 잘 이해한다. 누구나 새로운 내용을 학습할 때는 알고 있는 것으로부터 시작한다. 그런 의미에서 알고 있는 지식은 우리가 세상을 바라보고 정보를 해석하는 렌즈와 같다. 청중이 어떤 렌즈를 통해 세상을 바라보는지 파악하면 적은 시간을 사용하면서 청중의 이해도를 높일 수 있다.

소니코리아, 한국코카콜라 등 여러 다국적 기업의 CEO를 지낸 현 동원산업 이명우 대표이사는 자신의 저서 《적의 칼로 싸워라》에서 몇 가지 경험을 사례로 이야기하며 '설명으로 설득까지 가능함'을 보여준다.

이명우 대표이사가 1980년대 중반 삼성전자에 근무할 당시, 사소한 것에도 꼬투리를 잡는 무척 깐깐한 독일 바이어가 있었다고 한다. 바이어의 무리한 요구를 괘씸하게 여겼던 당시 상사는 '바이어가 서울에 오면 먹기 힘든 한식을 대접하라'는 지시를 내렸고, 한참 고민을 거듭한 끝에 그는 바이어에게 육회를 '한국식 타르타르'라고 소개했다. '타르타르'가 유럽 사람에게는 이미 익숙한 음식이었기 때문이다. 그러고 나서 육개장을 '한국식 굴라시 수프'라고 소개하며 먹어볼 것을 권했다고 한다. 결과는 대성공이었다. 한국 음식을 바이어에게 익숙한 독일 음식에 빗대어 소개했기 때문이다.

"상사의 말을 거역할 수도 그렇다고 바이어에게 강제로 먹일 수도 없고, 그래서 눈높이에 맞는 설명을 하려고 했는데 다행히 영화에서 봤던 타르타르 스테이크가 떠올랐고, 굴라시 수프의 경험도 생각났죠. 바이어가 그동안 먹어왔던 음식들과 같은 뿌리의 음식이라고 소개를 하니, 거부감이 없었던 거예요. 대화의 상대방이 누구든 상대방의 눈높이에 맞추고, 상대방이 이해할 수 있는 언어를 사용해야 한다는 진리를 깨달았죠. 다행히 그 바이어는 우리의 뜻을 간파했는지 그 후 더 이상 무리한 클

레임이 없었어요(웃음).[*]

이처럼 비유를 통한 설명은 설득력을 높이는 매우 강력한 방법이다. 무엇보다 비유를 제대로 사용하기 위해서는 청중에 대한 분석이 선행되어야 한다. 그래야 그들에게 익숙한 것을 찾아내 내가 설명하고자 하는 것과 비교할 수 있다.

맥락을 들어서 설명하자

한자 그대로 풀이하면 '연달아 잇다'는 뜻의 '맥락(脈絡)'은 쉽게 말해 말하는 것을 둘러싼 모든 상황이나 관계를 의미한다. 맥락에 따라 말이 다르게 전달될 수 있으므로 맥락은 의사소통에 있어 매우 중요하다. 가령, 똑같은 말을 같은 말투로 하더라도 상황이 다르면 다른 의미로 해석될 수 있는 것과 같다.

맥락은 크게 '사회문화적 맥락'과 '상황 맥락'으로 나뉘는데, 전자는 특정 공동체에서 형성되는 것으로 사회문화적 배경이 다른 사람과 토론할 때 유의해야 하는 맥락이다. 이를테면, 문화적 배경이 서로 다른 전 세계 토론자들이 모이는 국제 토론대회에

---

[*] 〈생선회 못 먹는 바이어에게 육회를 먹인 비즈니스맨-이명우 교수〉(채널예스 인터뷰), http://ch.yes24.com/Article/View/21639

서는 특정 문화에서 통용되는 함축적인 설명을 지양하고, 가능한 한 보편적으로 동의할 수 있는 맥락 안에서 설명하는 것을 강조한다. 그래야 의미의 혼동 없이 설득력 있는 의사소통이 가능하기 때문이다.

이외 상황에서는 화자와 청자, 의도와 목적에 따라 구성되는 상황 맥락이 더욱 강조된다. 특히 자기 생각을 빙 돌려서 표현하는 데 익숙한 문화권에 사는 우리는, 적어도 토론할 때만큼은 이러한 상황 맥락을 파악해 맥락을 구체적으로 제시하기 위해 노력해야 한다. 그리고 논거를 설명할 때, 전체 맥락에서 설명이 어떤 의미가 있는지 중간중간 알려줘야 청중의 이해도를 높일 수 있다.

무엇보다 맥락을 들어 설명할 때 최우선으로 고려할 것은 주제에 대한 청중의 지식 수준이다. 내가 말하는 내용에 대해 청중이 사전 지식이 없다면 '왜'를 더 강조하고, 그 주제에 대해 어느 정도 지식이 있다면 '어떻게'의 비중을 높이는 것이 효과적이다.

대학에서 토론 동아리원을 모집하는 작은 설명회를 연다고 가정해보자. 만약 설명회를 듣는 대상이 토론을 처음 접하는 신입생이라면 '토론을 잘하는 방법'이 아니라 '토론을 하면 또는 우리 동아리에 가입하면 좋은 이유', 즉 '왜'에 대한 비중을 늘려 설명해야 한다. 아무것도 모르는 상황에서는 구체적인 것을 배우기 전에 그것을 배워야 하는 동기가 필요하기 때문이다.

필자 역시 토론뿐만 아니라 강연을 할 때 항상 맥락을 염두에 두고 설명을 조정한다. 토론을 배워야 하는 동기가 확실하고, 어느 정도 토론을 접해본 적이 있는 사람을 대상으로 강의를 한다면 '왜 토론을 해야 하는지'보다는 '어떻게 하면 토론을 잘하거나 잘 가르칠 수 있는지'에 집중한다. 이미 주제에 대해 지식이 있는 사람들에게 '왜'를 강조하는 것은 강의의 질이 아무리 높더라도 다소 지루해질 수 있다. 따라서 설명할 때는 맥락을 고려해 내가 말하고자 하는 바를 청중이 이해하기 쉬운 방식으로 전달하는 게 중요하다.

이것을 명심한다면, 주요 단어를 풀어서 설명하고, 익숙한 것으로 설명하고, 맥락을 들어 설명하는 과정에서 타인의 언어가 아닌 자신의 언어로 생각을 명료하게 전달할 수 있을 것이다. 그리고 나의 언어로써 논리를 전개해나갈 때야말로 상대방을 효과적으로 설득할 수 있다.

정확하게 상대방의 허를 찌르는 SPEC 반론

토론에서 우리 측의 입장이 옳다는 것을 증명했다면, 다음은 상대방의 입장이 옳지 않다는 것을 증명할 차례이다. 반론은 서로 다른 입장에 서서 청중과 상대편이 우리 측을 지지하도록 설득하는 과정이므로, 토론에서의 논증만큼 중요하다. 논리적으로나 사실적으로나 결함이 없는 논거를 제시했다고 할지라도 토론자 간 반론이 없다면 이를 토론으로 보기는 어렵다.

반론은 상대방 논리의 허점이나 부족한 점을 지적하는 동시에 왜 잘못되었고 어떤 점에 오류가 있는지를 밝히는 과정이다. 하지만 막상 반론을 하려고 하면 어떻게 시작해야 할지 모르는 경우가 많은데, 반론할 때는 다음 4단계를 기억하자.

먼저 상대방의 주장을 요약하고, 이에 대한 반론 포인트를 짚고, 그다음 왜 그런지 설명하고, 마지막으로 재강조하는 것이다. 1단계에서는 청중에게 자신이 상대방의 어떤 논거를 반박하려하는지 알려줘야 한다. 토론에서는 수많은 주장과 자료가 오가므로 이러한 이정표를 제시해주지 않으면 청중은 화자가 무엇을 반박하고 있는지 혼란스러워 하게 된다. 따라서 어떤 부분을 반박하고자 하는지 한 문장 정도로 간략히 알려주기만 해도 반론의 명확성과 효율성을 배 이상 높일 수 있다.

반론의 첫 부분에서 상대방의 의견을 요약해 제시해야 하는 또 다른 이유는 상대측이 중간에 입장을 교묘하게 바꾸는 행위를 미연에 방지하기 위해서이다. 간혹 반론을 통해 자기 의견이 사실이 아닌 것으로 밝혀지면, 자신이 의도하는 바가 그것이 아니었다고 우기는 사람이 있다. 이때는 상대방에게 질문하는 것이 허용된 토론이라면, 상대방의 주장을 한두 문장으로 요약해 상대방에게 직접 확인해야 한다. 그러고 나서 주장의 논리적 허점을 반론하면 이미 인정한 부분에 대해서는 말을 바꾸기 어려울 것이다. 설령 말을 바꾸더라도 진행자와 청중이 이미 들은 내용이므로 상대측의 신뢰와 설득력은 현저히 낮아진다.

2단계는 상대방의 내용과 상반되는 주장을 한 문장으로 제시하는 과정이다. 앞서 배운 PEEL 논증 과정에서 '요점'과 같은 역할을 한다. 청중이 쉽게 이해할 수 있도록 간략하고 명확한 한 문장으로 반론 포인트를 말하는 것이 효과적이다.

3단계부터가 본격적으로 반론이 구체화되는 단계이다. 상대방의 내용을 지적하고 나의 주장을 제시했어도 이전 단계까지는 반론으로 볼 수 없다. 그 내용이 왜 그른지 증명된 사실이 아무것도 없기 때문이다. 3단계에서는 '왜' 상대방의 내용이 옳지 않은지, '어떻게' 그런지 이유를 보여줘야 한다. 논리적인 설명을 덧붙이거나 통계 자료와 같은 구체적인 증거를 제시할 수도 있다. 이 과정은 PEEL 논증에서 '설명'에 해당하며, 이 과정을 거쳐야만 유효한 반론이 나왔다고 인정할 수 있다.

마지막으로, 반론을 재강조하거나 비교하며 끝내야 한다. 대부분은 3단계에서 자신의 반론을 마무리한다. 그러나 보다 효과적으로 반론하기 위해서는 자신의 반론을 한 번 정리하고 재강조해야 한다. 상대방의 의견과 비교해 내용을 정리만 해주어도 청중은 반론 포인트를 쉽게 이해할 것이다. 또한 반론을 마무리하는 가장 효과적인 방법은 나의 주장과 상대방의 주장을 비교하는 것이다. 비교를 통해 우리 측 주장의 우월성을 강조할 수 있기 때문이다. 즉, 상대방의 주장과 비교해 나의 주장이 더 설득력 있다는 것을 일목요연하게 설명하며 직접적으로 짚어주는 것이다. 비교의 방법은 다음과 같다.

- 논리적 비교: 상대방의 주장에 대한 논리적 오류 지적
- 증거·데이터 비교: 상대방의 증거를 일축하는 우리 측 증거 제시
- 경험, 추론에 근거한 비교: 상대방이 가설적 추론을 하고 있다면 이에 반대가 되는 경험, 추론 제시
- 중요성 비교: 양적(더 많은 사람) 혹은 질적(더 높은 가치)으로 상대편의 주장보다 우리의 주장이 더 우월하다고 강조

이러한 반론 구조를 영어의 앞 글자를 따서 SPEC 반론이라고 한다. PEEL 논증에서 다룬 '개미와 베짱이' 사례를 적용해보자.

요약(Summary)	반박하고자 하는 상대측 주장을 간략하게 제시 예: "A 님은 베짱이는 개미보다 행복했다고 말씀하셨습니다."
주장(Point)	상대측 주장을 반박하는 핵심 메시지를 한 문장으로 명확하게 제시 예: "그러나 베짱이는 개미보다 불행했습니다."
설명(Explanation)	상대 팀의 주장이 성립되지 않는 이유, 타당하지 않은 근거에 대한 구체적인 설명 예: "왜냐하면 순간의 쾌락만 추구했던 베짱이는 자신의 시간을 아무런 대책 없이 보내다가 결국 얼어 죽게 됐기 때문입니다. 사실 행복이라는 것도 내가 살아 있어야 누릴 수 있는 것입니다. 개미는 평소에 열심히 미래를 준비했기 때문에 따뜻한 겨울을, 따뜻한 현재를 맞이할 수 있었습니다. (중략) 예를 들어, 매슬로의 인간 욕구 5단계 이론에 따라 베짱이는 가장 기초적인 욕구인 생리적 욕구조차 제대로 충족시키지 못한 것으로 볼 수 있습니다."

결론(Conclusion)	반론의 타당성 강조, 비교 분석 예: "따라서 행복도 우리가 살아 있어야 도달할 수 있는 거라고 가정한다면, 가장 기초적인 욕구에서부터 나아가는 거라고 한다면, 개미보다 베짱이는 행복에서 훨씬 멀리 있다고 결론 내릴 수 있습니다."

지금까지 기본적인 반론 구조를 살펴보았다. 반론 역시 원칙적으로 논증하는 과정과 같다. 결국에는 상대방의 의견과 비교해 왜 나의 의견이 옳은지를 입증하는 것이다. 처음 토론을 접하는 사람이라면 너무 어렵게 생각하지 말고, 다음과 같은 형식을 따라 반론을 제기해보자.

- ○○ 님은 …라고 말씀하셨는데요.
- 저는 …라고 생각해요.
- 왜냐하면 …
- 예를 들어 …
- 따라서 …

이렇게만 해도 더욱 명확하고 구조적인 반론을 할 수 있을 것이다.

05 | 상대방의 논리를 해체해 공격하는, PEEL 공략법

탄탄한 반증을 위해서는 SPEC 구조를 제대로 숙지해야 한다. 그런데 구조를 갖춘 반론을 할 수 있을지라도 아직 한 가지 문제가 남아 있다. 상대측이 제시하는 수많은 내용 중 제한 시간 안에 어떤 부분을 반론할 것인지 정해야 하는 일이다. 토론에서는 논리적 추론, 자료 등 수많은 내용이 나온다. 토론자는 이를 듣고 이해함과 동시에 상대측의 내용에서 어떤 부분을 공략해야 효과적일지를 결정해야 한다.

그렇다면 상대방이 전개한 논증에서 공격할 부분을 어떻게 하면 효과적으로 찾을 수 있을까? 사실 앞서 다룬 내용을 잘 따라왔다면 그 안에 답이 있다. 대부분 논증 구조는 PEEL 구조를 크게 벗어나지 않는다. TV 토론이나 토론회에서 소위 '논리적이다'라고 하는 논객(혹은 토론자)이 있다면 기본 논증 구조에 따라 말하는 사람일 것이다. 일정 수준 이상의 경험과 내공이 있는 논객이라면 주제에 대한 자신의 의견을 제시하고 알아듣기 쉽게 설명하면서 여러 자료를 통해 의견을 입증하려고 할 것이다. 따라서 반박할 때도 주장, 설명, 증거 제시, 재강조(연결고리) 항목으로 구분해 이중 어느 부분을 반박할지, 아니면 모든 부분을 반박할지 판단해야 효율적으로 반론을 펼칠 수 있다. 보통 제한 시간 안에 반론해야 하는 실전 토론에서는 4개의 항목 중 하나에 대해 반론하는 것이 일반적이다.

먼저, 요점을 공격하는 방법이다. 말 그대로 중심이 되는 점을 다루면서 전체 논거에 대해 반론하는 것으로, 상대방의 논거를 가장 포괄적으로 다루는 방법이다. 이때 상대측 논거의 요점이 무엇인지 정확히 파악해 논지를 펼치는 게 중요하다.

그다음은 설명을 대상으로 논박하는 방법으로, 요점 반론만큼 종합적으로 반론할 순 없지만 상대측에서 여러 이유를 다층적으로 제시할 때 사용하면 좋다. 토론을 잘하는 사람일수록 하나의 논거를 여러 각도로 분석하는데, 이때 청중을 이해시키려면 비슷한 설명끼리 묶어서 논박하는 것이 효과적이다.

또 다른 반론 방법은 증거를 공략하는 것이다. 즉, 상대측의 자료에 반하는 증거를 제시함으로써 사실 여부를 따지는 것이다. 사람들이 가장 많이 사용하는 방법이며, 자료만 제시하면 되므로 가장 쉬운 방법이기도 하다.

그러나 자칫하면 토론이 진행됨에 따라 쟁점이 형성되는 토론이 아니라 사실만 나열하는 토론으로 흐를 수 있어 유의해야 한다. 증거에 너무 집착하면 통계 숫자에만 집중해 주제의 맥락과 의도를 놓치거나 서로의 의견을 무시한 채 넘어가는 경우가 많다. "저희 자료에 따르면 100명이 죽었다고 나왔습니다", "아닙니다. 저희 자료에 따르면 80명밖에 안 죽었다고 나와 있습니다", "그쪽 자료 출처는 편파적이므로 믿을 수 없습니다"라는 식으로 토론이 계속 진행된다. 그러다 보면 서로의 의견을 일축해버리고 토론이 산으로 가기 쉽다.

마지막으로 재강조(연결고리) 부분을 공격하는 방법으로, 논제와 상대방의 논거 간의 연결고리를 자르는 것이다. 토론에서 논거 자체는 탄탄하고 분석이 제대로 되어 있는데도 논제와 관련이 없는 경우 그 이유를 설명해주는 것이다. 이 방법은 시간을 더욱 효율적으로 사용하면서 상대방의 논거를 무너뜨릴 수 있다는 장점이 있다.

예를 들어 '투표 연령을 하향할 것이다'라는 논제에 대해서 찬성 측이 "민주주의에서 참여의 원칙이 중요하다"는 논거를 제시하고, "민주주의 사회에서는 투표가 시민의 의사를 반영할 수 있는 가장 중요한 장치이기 때문에 투표에서 참여의 원칙이 중요하다"는 식으로 설명했다고 가정해보자.

• 논제: 투표 연령을 하향할 것이다.

- 입장: 찬성
- 논거 1: 민주주의에서 참여의 원칙이 중요하다. 민주주의 사회에서는 투표가 시민의 의사를 반영할 수 있는 가장 중요한 장치이기 때문이다.

논증 과정 자체로 따져보면 어느 정도 의견이 입증되었다고 할 수 있지만, 찬성 측은 참여의 원칙이 중요한데 왜 투표 연령을 하향해야 하는지를 설명하지 못했다. 이 경우 논제와 논거 사이의 연관성이 없다고 볼 수 있으며, 이때 반대 측이 이 연결고리를 자르면 해당 논거는 유효하지 않게 된다. 이러한 오류는 특히 가치적인 측면을 강조하는 논거를 제시할 때 많이 등장한다. 이를테면 "인권이나 사생활 등 기본권은 침해할 수 없는 권리이다"라는 식으로 첫 번째 논거를 제시해놓고 가치의 중요성만 강조할 뿐 논제와의 연관성이나 맥락은 생략하는 것처럼 말이다.

이 방식은 토론이 어떻게 전개되느냐에 따라, 그리고 상대방의 내용과 전략에 따라 유용하게 쓰일 수도 있고 그렇지 않을 수도 있다. 그러나 제한 시간 안에 청중을 설득해야 하는 토론의 특성을 고려하면, 요점 자체를 공략하는 것이 가장 효율적이면서도 효과적이다. 요점을 반론하는 과정에서 주요 명제에 집중하고 다른 요소들을 한 번에 논박할 수 있기 때문이다. 이때 증거에 대한 반론은 토론의 주요 쟁점과 관련된 사실 위주로 한정하는 것이 좋다. 동시에 상대측의 발언을 들으면서 그 논거가 논제와 연관이 있는지 비판적으로 따져보자.

반박할 때 꼭 기억해야 할 점은 상대방의 주장이 옳지 않다고 지적하는 것을 넘어 그 주장이 '왜', 그리고 '어떻게' 틀렸는지 청중에게 정확하고 세세하게 설명해줘야 한다는 것이다. 무엇이 옳지 않은지 짚어주지 않으면 청중은 나의 말에 설득되기는커녕 무엇이 옳은지 판단을 내리는 데 어려움을 겪기 때문이다. 결국 반박에서도 논리를 제대로 풀어나가는 능력이 중요한 셈이다.

어떤 논리도 무너뜨리는
6가지 반론 전략

반론 유형은 크게 직접적 반박과 간접적 반박으로 나뉜다. 직접적 반박은 상대방이 제시한 논거에 대해 직접적으로 반하는 주장, 설명, 증거 등을 제시하는 것이다. 이를테면, 상대방이 "기본소득제는 내수 경제 활성화에 도움이 된다"라고 논거를 제시했을 때 "내수 경제 활성화에 도움이 되지 않는다"에 초점을 맞춰 반박하는 것이다.

반면, 간접적 반박은 제시된 논거의 범위를 확장해 전체 맥락 혹은 맥락의 일부를 강조하며 해당 논거를 약화시키거나 부분적으로 반론하는 방식이다. 이를테면, 위 논거에 대해 "기본소득제가 내수 경제 활성화에 도움이 될 수는 있으나 장기적으로 노동자의 근로 의욕을 저하할 것이다"라고 반론을 제기하는 것이다. 어떤 반론 방식이 더 좋을지는 상황마다 다르므로 토론자는 상대방의 토론 전략, 프레임을 따져 위 2가지 유형의 반론 방식을 적절히 활용할 수 있어야 한다. 먼저 직접적 반박 유형을 살펴보자.

당신이 주장하는 바는 사실이 아니에요

상대방의 논거가 사실이 아니라는 것을 지적하는 방법이다. 상대방의 예시, 통계 등 증거가 부정확하고, 그 증거가 논거를 뒷받침하는 주요 증거일 때 효과적인 반론 방식이다.

'본 의회는 개발도상국의 올림픽 개최를 반대한다'라는 논제에 대해 찬성 측이 "개발도상국의 올림픽 개최가 자국민에게 경제적으로 이득을 준다"는 논거를 제시하고 이를 뒷받침하는 통계 자료를 들고 나왔다고 가정해보자. 이때 반대 측이 찬성 측의 논거를 효과적으로 반박하려면 개발도상국에서의 올림픽 개최가 경제적으로 도움이 되지 않음을 보여줄 자료가 필요하다. 오히려 자국민에게 경제적으로 해가 되었다는 자료가 있다면 찬성 측의 논거를 무너뜨릴 수 있다.

또 '전자 담배를 규제해야 한다'는 입장을 지지하는 측이 "전자 담배는 일반 담배만큼 우리 몸에 해로우므로 전자 담배를 규제해야 한다"고 주장했다고 가정해보자. 이때도 '전자 담배가 유해하지 않다'는 증거를 제시하면 효과적으로 반론할 수 있다.

증거를 반박할 때는 '논거와 관련 있는' 사실 오류만으로 한정해야 한다. 간혹 상대방이 실수로 말한 단어 하나에 집착하는 경우가 있는데, 이는 반박 효과가 거의 없다. 상대방이 제시한 날짜, 시간, 사람의 이름 등 사소한 사실이 틀렸다는 것을 지적한다면 상대방의 설득력을 낮출 수는 있으나, 우리 측이 옳다는 것은 증명할 수 없기 때문이다.

또한 자료의 내용이 아닌 출처에만 집착하는 것도 좋은 전략이 아니다. 이 경우 토론의 내용이 아닌 적절한 출처가 무엇인지로 토론이 이어져 어떠한 가치도 더하지 못하기 때문이다. 때론 현장에서 상대방이 틀렸다고 증명하는 데 한계가 있기도 하다. 자료의 출처를 다루는 것이 필요하지 않다고 말하는 것이 아니다. 자료의 출처에 대해 의문을 제기했으면, 지체 없이 다음 주요 쟁점으로 넘어가는 것이 현명하다는 말이다.

당신의 주장을 뒷받침하는 근거를 찾을 수가 없어요

상대방이 자신의 의견을 제대로 입증하지 못했고, 그것을 뒷받침하는 이유나 근거가 없다고 지적하는 것이다. 비교적 쉬운 방법으로, 상대측이 논증 구조에 따라 자신의 명제를 증명하고 있는지 살피면 된다. 청중은 개인마다 특정 사안에 편견이 있고, 논리가 없는 수사에 현혹될 수 있음을 고려할 때 짧게라도 근거의 부재를 지적해주면 좋다. 특히 말은 수려하게 하는데 단어만 조금씩 바꿔가면서 같은 내용을 반복하고 있지는 않은지 잘 관찰하자.

예를 들어 "전자 담배는 건강에 해롭습니다. 전자 담배는 몸에 유해하기 때문인데요. 각종 질병이 전자 담배에서 발생됩니다"라는 식으로 말하는 순환 논증이 대표적인 예이다. 반면, 상대방이 이유나 근거를 제시했음에도 할 말이 없어서 상대측의 논거를 증명되지 않은 것이라고 반박하는 행동은 토론의 예의에도 어긋나고, 말하는 사람의 신뢰도를 떨어트리므로 주의해야 한다.

당신의 논거는 논리적이지 않아요

제시한 전제로부터 결론을 도출할 수 없음을 지적하는 방법이다. 즉, 논거가 비논리적이어서 설득력이 없다고 반론하는 것이다. 실제로 많은 토론자가 충분한 설명 없이 결론을 이끌어내곤 한다. 앞서 배운 연역적, 귀납적 논증 방법을 숙지하면 이러한 오류를 찾는 데 도움이 된다.

상대방의 논거가 논리적이지 않다고 반박할 때는 논리적 비약이 있진 않은지에 집중해 발언을 듣자. 모든 논리나 사고방식은 나름의 순서가 있는데, 그 차례나 단계의 일부를 따르지 않고 결론을 도출하면 논리적 비약이 있을 수 있다.

예를 들어 '사형제도의 도입은 범죄율을 낮출 것이다'라는 주장을 했다고 치자. 논리의 첫 단계는 '사형제도의 도입'이고 마지막 단계는 '낮은 범죄율'이라고 단순화하면 그 자체로는 논리가 성립되지 않는다. 가정에서 결론으로 이어지는 중간 단계가 빠져 있기 때문이다. 사형제도를 도입하면 사람들에게 어떤 영향을 미치는지, 그리고 그 영향이 어떻게 범죄율을 낮추도록 유도하는지 등에 관해 설명해야 한다. 논거의 중간 부분이 순서대로 연결되지 않았다면 그 논거는 논리적이지 않으므로 심사위원과 청중에게 오류가 있다고 알려줘야 한다.

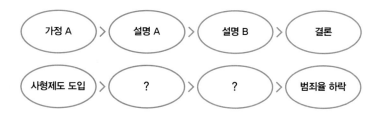

다음으로 간접적 반박 유형을 알아보자.

당신의 주장이 야기하는 사회적 결과를 받아들일 수 없어요

상대방의 논거가 틀렸다고 직접적으로 증명하기보다는, 그 논거가 성립될 수는 있으나 그로 인한 사회적 해악이 상대방이 주장하는 편익보다 더 크다고 반박하는 방법이다.

예를 들어 '적극적 안락사를 허용할 것이다'라는 논제에 대해 찬성 측이 "모든 사람은 존엄하게 죽을 권리가 있다"고 주장했다면, 반대 측은 "적극적 안락사는 환자에게 자신의 생명을 끝내야 한다는 압박을 줄 수 있다"고 반론할 수 있다. 반대 측 전략에 따라 입장이 달라질 수 있지만, 여기에서는 '존엄하게 죽을 권리' 자체를 부정하는 것이 아니다. 반대 측은 오히려 존엄하게 죽을 권리도 중요하다는 것을 인식하고 있다. 그러나 그 권리를 사회적으로 인정했을 때 그로 인한 편익보다 해로운 점(환자가 안락사를 선택할 수밖에 없도록 하는 압박 등)이 더 많으며, 그것은 넘지 말아야 할 선이라고 주장하는 방식이다. 또 다른 예시를 보자.

'장기매매 합법화'에 대한 찬성 측의 주장 :
"장기 부족으로 인해 죽어가는 수많은 생명을 살릴 수 있다."

이에 대해 반대 측은 "장기매매 합법화가 수많은 생명을 살리는 데 별 도움이 되지 못한다"라는 식으로 직접 반론을 펼 수도 있지만, 다음과 같이 반론할 수도 있다.

"장기매매 합법화는 인간을 물질적으로 여기게 하는 풍조를 만들어 장기적으로는 인간의 생명을 경시하는 사회로 만들 것이다."

찬성 측의 주장에 정면으로 반박하기보다는 생명 존중 사상에 대한 논의로 프레임을 바꾸면서 사회 전체에 미치는 부작용이 더 크다고 논박하는 전략이다.

당신이 제시한 논거 자체는 틀린 게 없지만,
중요한 이슈가 아니에요

이 방법은 논거가 틀렸다고 직접적으로 증명하기보다는 일부 생각과 가정을 인정하되, 상대방의 논거 자체가 별로 중요하지 않다고 반론하는 방법이다. 예를 들어, 반대 측이 정책을 실행하는 데는 과도한 재정적 비용이 든다고 주장할 경우, 찬성 측은 그 점을 인정하되 정책의 혜택을 고려해볼 때 지출 면에서 비용 이상의 편익과 가치를 가져온다고 재반론하는 것이다.

또 다른 경우는 상대측의 주요 가정을 인정하면서 다른 결론을 도출하는 것이다. 한 예로, 자사고 폐지를 반대하는 측은 자사고가 사교육을 유발하는 일부 원인이 될 수는 있으나, 그것은 한국의 특수한 상황을 종합적으로 고려해야지, 자사고를 폐지한다고 해서 사교육 문제가 개선되지 않을 것이라고 반박할 수 있다. 즉, 그 조치로 자사고의 결함이 해결되지 않음을 주장하는 것이다. 아울러 여기에서 한 걸음 더 나아가, 자사고 폐지는 학생과 학부모의 교육 선택권을 제한한다고 주장하면 쟁점을 반대 측에 유리하게 돌려놓을 수 있다.

추가로 우리의 논거 혹은 이슈가 더욱 중요하다는 것을 입증하기 위해서는 2가지 기준을 적용하면 유용하다. 하나는 '양적 기준'으로 우리의 정책 혹은 논거가 더 많은 사람을 포함하거나 그들에게 영향을 미친다는 것을 비교, 강조하는 것이다. 다른 하나는 '질적 기준'으로 주어진 상황을 고려할 때 우리의 내용이 상대편의 것보다 가치적으로, 윤리적으로 더 중요하다고 강조하는 것이다.

반론 전략은 토론이 어떻게 흘러가느냐에 따라 적절하게 사용되어야 한다. 상대방이 자신에게 유리한 프레임으로 토론을 끌고 가는 경우, 직접적 반론을 한다면 오히려 상대방의 프레임만 강화될 수 있기 때문이다.

설령 그렇다 할지라도, 아닌 건 아니에요

상대방보다 늘 한 수 앞서는 반론법으로, 상대방의 논리를 완전히 무력화시키고자 할 때 유용하다. 토론을 잘하는 사람에게는 한 가지 공통점이 있다. 바로 상대방의 입장을 철저히 분석해서 예상되는 공격을 미리 차단한다는 것이다. 실력 있는 체스 선수가 경우의 수를 계산해서 상대방보다 몇 수 앞을 보는 것과 유사하다.

토론에서도 이러한 역할이 가능한데, 반론에 추가로 '설령 그렇다 할지라도'를 붙이는 것이다. 이렇게 함으로써 상대방의 말이

사실이라고 할지라도, 그 논리는 이 토론에서 중요하지 않다거나 사회에 긍정적인 효과를 불러오지 않는다고 반박할 수 있다.

요약(Summary)
주장(Point)
설명(Explanation)
결론(Conclusion)
+ 설령 그렇다 할지라도(Even if)

무엇보다 반론은 상대방의 의견을 향해 있지, 상대방을 향해 있는 게 아니라는 사실을 잊지 말아야 한다. 상대방이 나의 논거를 무너뜨려도 기분 나빠할 필요가 없다. 다시 세우거나, 토론 후에 복기하면서 틀린 것은 틀렸다고 인정하면 된다. 그래야 세상을 이해하는 시야도 더 넓어질 수 있다.

우리의 의견을 구체적으로, 논리적으로 제시하고 상대측의 의견에 여러 각도로 반론할 수 있을 때 비로소 토론은 시작된다. 반론이 있어야 논제 이면에 감춰진 쟁점이 표면화되고 관련 사안을 더욱 종합적으로 분석할 수 있기 때문이다.

논리적 오류 찾기

우리는 하루에도 몇 번씩 논리적 오류를 범한다. 다른 사람과 대화를 하다 보면 잘못된 생각이나 믿음에 근거해 일방적으로 주장하는 경우가 있는데, 대개는 그것이 논리적 오류인지도 모르고 지나친다. 이러한 논리적 오류는 일상생활뿐만 아니라 토론에서도, 심지어 뉴스에서도 쉽게 목격된다.

논리적 오류는 논증 과정에서 나타나는 형식적 오류와 언어의 부적절한 사용으로 인한 비형식적 오류로 나뉘고, 각 항목에서 다시 수십 개의 오류로 나눠진다.

그런데 논리학에 깊이 관심 있는 게 아니라면 각각의 논리적 유형을 모두 외울 필요도, 알 필요도 없다. 모든 논리적 오류를 공부하기보다는 일상생활에서 사람들이 자주 범하는 몇 가지 논리적 오류를 파악하고, 실수하지 않도록 유념하는 것이 더 실용적이다. 언뜻 보면 너무나도 당연해 보이는데도 대부분 끊임없이 논리적 오류를 범하기 때문이다. 토론자로서 우리는 이를 활용해 탄탄한 논거를 만들고, 상대방의 논거를 반박할 수 있어야 한다.

　다음은 대표적인 논리적 오류의 몇 가지 예이다. 여기서 소개된 오류의 유형을 숙지하고 이것만은 실수하지 않도록 하자.

순환논리의 오류

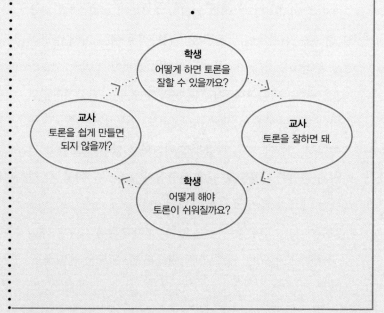

결론에서 주장하고자 하는 바를 전제로 제시해, 같은 전제가 계속 돌고 도는 논리적 오류이다. 매우 그럴싸한 주장을 펼치는 듯 보이지만, 아무것도 입증하지 못한 채 말만 반복하는 식이다.

자가당착의 오류

•

앞뒤의 주장이나 전제와 결론 사이에 모순이 발생함으로써 일관된 논점이 없는 오류이다.

예: 정부는 표현의 자유를 무조건 보장해야 한다. 하지만 혐오 표현은 가중 처벌해야 한다.

인신공격의 오류

•

상대방이 말한 내용을 반론하는 것이 아니라, 그 말을 하는 사람의 성격, 환경, 지위 등 주제와 관계없는 근거를 제시해 결론을 이끌어내는 오류이다. 격렬한 논쟁에서 감정을 통제하지 못할 때 자주 일어난다.

예: 그의 이론은 전혀 믿을 수 없다. 그는 범죄를 저지른 이력이 있기 때문이다.

피장파장의 오류

·

상대방도 자신과 마찬가지의 상황이므로 자신이 정당하다고 주장하는 오류이다. 잘못된 주장이나 행동을 했음에도 다른 사람도 잘못했으므로 자신에게는 잘못이 없다고 주장하는 식이다. 자신의 주장이나 행동을 잘못된 관습 탓으로 돌리는 것 역시 이 오류에 해당한다.

예: 내가 횡령한 돈은 철수에 비하면 정말 아무것도 아니다.

무지에 의한 오류

·

참으로 밝혀진 것이 없으니까 거짓이라 주장하거나, 거짓이라 밝혀진 것이 없으니까 참이라고 주장하는 오류이다.

예: 외계인이 없다는 것을 아무도 증명하지 못했으니까 외계인은 존재한다.

허수아비 공격의 오류

•

상대방의 주장을 제멋대로 왜곡하거나 허점을 만들어 상대
방을 공격하는 오류이다. 토론에서 셀 수 없이 일어나는 오류
이다.

학교에서의 인성 교육 의무화에 대해

• 찬성 측: 가정에서 받는 인성 교육만으로는 불충분한 면
이 있으니 학교에서도 인성 교육을 의무화해야 합니다.

• 반대 측: 찬성 측은 가정에서의 인성 교육이 필요 없다
고 주장했습니다.

발생학적 오류

•

어떤 사람, 생각, 제도, 관행 등에는 기원적 특성이 있으므로
그것들도 그러한 특성을 보일 것이라고 추론하는 오류이다.

예: 그 지역(또는 그 나라) 사람이니까 당연히 그럴 만도 하다.

우물에 독 뿌리는 오류

•

자기주장에 반대하면 불건전하거나 나쁜 생각이라고 규정함으로써, 상대방이 반론을 제기할 가능성을 원천적으로 봉쇄하는 오류이다.

예: 우리나라가 올림픽을 개최해야 합니다. 이 사안에 대해 한국인이라면 누구든 반대할 수 없을 것입니다.

군중에 호소하는 오류

•

대중의 심리를 자극해서 자기의 주장을 받아들이도록 유도하거나, 다수의 사람이 어떤 신념을 갖거나 행동하기 때문에 그것이 옳다고 주장하는 오류이다.

예: 이 도서는 서울대생들이 도서관에서 가장 많이 빌려 봤으니까 필수로 읽어야 할 우수한 책이다.

(부적절한) 권위에 호소하는 오류

•

어떤 대상이 좋다거나 옳다는 것을 증명하기 위해서 권위자나 권위 있는 기관을 들먹이며 주장하는 오류이다.

예: 그 라면집은 유명 연예인이 운영하니까 위생적이고 맛있을 거야.

성급한 일반화의 오류

•

대표하기 어려운 한 개 또는 몇 개의 특수한 사례를 들어 전체가 그 사례와 같은 특성이 있다고 일반화하는 오류이다. 토론에서 논거를 설명할 때 자주 발생한다. 일상생활에서 사람들이 습관적으로 범하는 오류이기도 하다.

예: (해외 마트 계산대에서) 여기 사람들은 물건을 계산하는데 시간이 오래 걸리니 게으른 민족일 거야.

흑백 논리의 오류

•

양극단의 가능성만 있고 다른 가능성은 없다고 주장하는 오류이다. 완전하지 않은 선택지 2개 중에 하나를 강요할 때 발생한다. 토론할 때는 상대방의 프레임에 휘말리지 않도록 유의해야 한다.

예: (토론 교차 질의에서) 당신은 이 사안에 대해서 A라고 생각하십니까, B라고 생각하십니까?

꼰대를 상대하는 문답법

토론할 때 상대방의 의견을 존중하는 태도는 기본 중의 기본이다. 그런데도 자신이 알고 있는 것만이 사실이므로 내 의견을 무조건 수용해야 한다고 주장하는 사람을 주변에서 심심치 않게 볼 수 있다. 그런 사람을 누군가는 '꼰대'라 부르기도 하고, '라떼'라 부르기도 한다. '젊꼰(젊은 꼰대)'이라는 용어가 보여주듯이 이런 사람들은 세대를 막론하고 존재한다. 토론할 여지조차 주지 않는다는 점에서 가장 상대하기 힘든 유형이다.

상대방이 나의 의견을 들을 기본적인 자세조차 갖추지 않고, 자기 의견을 일방적으로 내세운다면 어떻게 대처해야 할까? 다음 보기에서 선택해보자.

① 그 사람의 의견은 사실과 다른 부분이 많으니 모든 내용을 조목조목 반박한다.
② 어차피 말해도 듣지 않을 것 같으니 한 귀로 듣고 한 귀로 흘린다.
③ 상대방의 논리를 규명하는 질문을 한다.

아마도 대부분 ① 아니면 ②를 선택했을 것이다. 특히 서로의 가치관을 대변하는 정치 사안을 둘러싼 대화나 토론에서는 상대방의 의견이 잘못됐다고 생각하면 어떻게든 반론을 제기할 것이다. 그러면 반론은 다시 재반론으로 이어져 열띤 토론이 펼쳐지겠지만, 결국 서로의 입장 차이만 확인하고 끝이 나거나 대개 서로의 감정만 상한 채로 토론을 마치게 된다.

이러한 경험이 누적된 사람들은 이제 다른 선택을 하기 시작한다. 토론을 해봤자 상대방이 나의 의견을 수용하거나 바꾸지 않을 텐데 굳이 에너지를 소모하면서까지 내 의견을 제시할 필요가 있냐는 생각의 전환 말이다. 그때부터 이들은 한 귀로 듣고 한 귀로 흘리는 식의 자세로 일관한다. 정신건강에는 이로울 수 있지만, 조직과 사회의 차원에서는 이 역시 딱히 바람직한 방법이 아니다.

대신 위 두 방법의 목적을 달성하면서도 생산적인 토론을 이어나가는 방법이 있다. 상대방의 의견에 반론하거나 대립 각을 세우기보다는 부드럽게 상대방의 가정과 근거에 대해 질문하는 것이다. 일상생활에서, 토론에서 자주 일어나는 예시를 통해 알아보자.

누군가가 대화 중에 "이 정권 때문에 경제가 망했다"라는 주장을 했다고 치자. 만약 그 사람의 말에 동의하지 않는다면, 바로 반론을 펼치지 말고 먼저 그의 가정을 확인할 필요가 있다. 이를테면 "이 정권 때문에 경제가 망했다고요? 경제는 오히려 좋아지고 있어요. 그 이유로는…"라고 하는 대신 "어떤 이유로 그렇게 생각하는 거예요?"라고 물어보는 것이다. 이때 경청하는 모습과 정말 궁금해서 물어본다는 자세를 유지하는 것이 중요하다. 그러면 상대방은 뭘 말해야 할지 몰라 당황하거나, 나름의 이유를 설명하려 들 것이다. 그럼 집중해서 상대방의 말을 듣고, 다음과 같은 질문을 적절하게 해주면 된다.

• ○○ 님의 주장이 어떻게 그 결과로 이어지는 거예요?

- 그렇게 생각하는 근거가 ○○ 님의 경험 때문인가요, 아니면 다른 예시나 자료들이 더 있나요?
- ○○ 님이 말씀하시는 그 단어(말)의 정확한 의미가 무엇인가요?
- (제가 잘 몰라서 그런데) 과거랑 비교해서 어떻게 다른가요?

아마 이 과정에서 말을 바꾸는 사람도 있을 것이다. 이때는 이를 정중하게 지적하고 추가 질문을 던져야 한다.

- 분명 처음에는 …라고 말씀하지 않으셨나요? (그 문장을 제시하면서) 방금 말한 것과 이 부분이 어떻게 연결되나요?

이처럼 질문을 던지면서 답변 간의 모순을 지적하면 된다. 그러다 보면 상대방도 자신이 말한 논리의 모순이나 부족함을 알게 될 것이다. 그리고 설욕의 기회를 모색하기 위해 어쩌면 다음과 같은 질문을 던질 수도 있다.

- 그럼 당신이 제 주장에 반대하는 이유가 무엇인가요? 한 번 설명해보세요.

이때가 중요한데, 직접 응대해줄 필요는 없다. 응대해주면 오히려 상대방은 자신의 우위를 증명하기 위해 나의 말꼬리를 잡아 논점을 흐리려고 들 것이다. 우리는 이미 나름의 '답'을 갖고 자기중심으로 세상을 바라보는 사람을 상대하고 있기 때문이다. 대신 다음과 같이 대응할 수 있다.

- 저는 반대를 옹호한다고 말한 적이 없어요. 처음부터 ○○ 님의 의견이 옳다고 주장한 건 ○○ 님이고, 제가 그 논리에 설득되기 위해서는 보충할 점이 있다고 생각해서 질문을 드린 거예요.
- (추가로) 그렇게 주장한 사람이 그 의견을 입증할 책임이 있는 거니까요.

여기까지 평정심을 유지하며 대화를 잘 이끌어왔다면, 이제 마무리를 할 차례이다.

- 잘 들었어요. ○○ 님의 의견이 증명되지 않은 가정들에 근거하고 있는 것 같아 이해를 잘 못해서 질문했을 뿐이에요. 잘 설명해주셨는데, 경험과 관점의 차이가 있다 보니 제가 제대로 이해하지 못했을 수도 있고요.

이처럼 질문으로 대화를 이끄는 목적은 상대방의 의견에 직접적으로 이의를 제기해 나의 우위를 과시하는 게 아니다. 다만 질문을 통해 상대방의 논리적 모순을 지적하고 궁극적으로 그 사람이 자신의 부족함을 깨닫게 하는 것이다.

상대방을 직접적으로 공격해 우위를 점하는 건 중수의 토론 방법이다. 고수는 질문을 통해서 상대방이 스스로 결점을 깨닫게 만든다는 사실을 잊지 말자.

비대면 시대의 말하기

코로나19로 촉발된 비대면 소통은 어느덧 우리 삶의 한 부분으로 자리 잡았다. 불과 1년 전만 해도 상상할 수 없던 것들이 이제는 우리 삶에 깊숙이 들어온 것이다. 따라서 회의, 수업, 발표뿐만 아니라 토론대회도 온라인으로 하는 '위드(With) 코로나' 시대에 맞는 새로운 말하기 방식이 필요하다.

화면에 얼굴 제대로 비추기

•

먼저 화면에 자신의 얼굴이 제대로 비춰지게끔 하는 것이 중요하다. 그러려면 상반신이 잘 나오도록 웹캠을 위치시키

고 자신의 얼굴이 화면에 명확하게 보일 수 있도록 해야 한다. 아주 기본적인 지침이지만 중장년층뿐만 아니라 기술에 익숙한 대학생조차 웹캠의 위치를 제대로 조정하지 못하는 경우가 많다. 멀리서 자신이 앉아 있는 모습 전체를 비추는 경우, 상반신 전체를 비추어 얼굴이 제대로 보이지 않는 경우, 위나 아래에서 캠을 비추는 경우 등 모두 조정이 필요하다.

동시에 말할 때는 웹캠을 쳐다보며 말하는 것이 효과적이다. 캠을 보고 말하면 듣는 사람은 화면에 비춰진 상대방이 자신을 보고 있다고 느끼므로, 더욱 연결된 느낌을 준다. 이는 오히려 현장에서 시선 처리를 하는 것보다 쉬운 방법이다.

또박또박 천천히 말하기

•

본격적으로 발표나 토론을 할 때는 최대한 또박또박 천천히 말해야 한다. 온라인으로 소통할 때 사람들은 말하는 사람의 내용에 집중하기 힘들어하고 쉽게 피로를 느낀다. 직접 얼굴을 맞대고 말할 때는 빨리 말해도 그 사람의 목소리, 자세, 제스처 등 여러 단서를 통해 내용을 이해할 수 있지만, 비대면으로는 이러한 정보를 얻는 데 제약이 있다. 마주 보고 말하는 것보다 전화상으로 말할 때 상대방의 의도를 파악하기 어려웠던 경험을 떠올려보면 이해하기 쉬울 것이다. 따라서 상대방이 내용을 잘 이해할 수 있도록 가능한 한 명확하게 말해야 한다. 그리고 중간에 인터넷 오류로 버퍼링이 생길 수도 있으므로 너무 빨리 말하지 않도록 유의해야 한다.

또한 말하기에 앞서 마이크가 잘 작동되는지, 음량은 적당한지, 목소리가 울리지는 않는지 확인해야 한다. 특히 너무 좁거나 너무 넓은 장소를 사용한다면 목소리가 울리기 쉬우므로 꼼꼼하게 확인하는 것이 중요하다.

시각적인 발표 자료 구성하기

•

비대면으로 말하기를 해야 한다면 발표 자료를 더 공들여 만들어야 한다. 청중을 앞에 두고 발표나 토론을 하면 표정, 제스처 등 다양한 비언어적 요소로 청중의 이해를 도울 수 있겠지만, 화면의 제약이 있는 온라인상에서 비언어적 요소는 현장에서만큼 큰 힘을 갖지 못한다. 따라서 발표 자료는 제2의 입이고, 손과 발이라는 점을 유념하자. 폰트 크기도 최소 20~40 정도로 키워서 기기와 상관없이 적힌 내용이 잘 보이게 해야 한다. 동시에 주석 도구를 사용하면 전하고자 하는 바를 잘 전달할 수 있다.

이때 유의할 점은 PPT 등 시각 자료를 활용하되 주의 환기를 위해서 화면 공유가 필요 없는 부분에서는 잠시 화면을 멈춰 웹캠 화면 중심으로 소통하는 것이 필요하다. 중간중간 화면 공유를 해제하고 질의응답이나 토의 등을 이끌어가면, 청중을 집중시키는 데 도움이 된다.

기술(원격 회의 프로그램)과 친해지기

•

발표자에게 현장에서의 가장 큰 적이 발표 공포증이라면,

청중을 직접 마주하지 않는 온라인에서의 가장 큰 적은 기술에 대한 무지라 할 수 있다. 준비한 내용을 제대로 전달하기 위해서는 도구를 능숙하게 사용할 수 있어야 하는데, 그렇지 못하면 발표자는 이내 불안함을 느끼게 된다. 즉, 도구의 사용이 미흡하니 어떤 일이 발생할지 예측할 수 없고, 예측하지 못하니 작은 실수가 생기면 우왕좌왕하게 된다.

따라서 비대면 말하기를 잘하기 위해서는 미리 원격 회의 프로그램의 사용법을 익혀두어야 한다. 이를 위해 발표 전에 리허설해보는 것을 추천한다. 주변 사람에게 도움을 요청하거나 혼자라면 컴퓨터로 발표하면서 동시에 스마트폰으로 접속해서 진행해볼 수 있다. 간혹 사용하는 프로그램의 기본적인 사용법조차 숙지하지 않은 채로 회의나 발표에 참여하는 경우가 있다. 한눈에 봐도 미숙함이 보이고, 이는 곧 그 사람의 설득력을 떨어트린다.

비대면 시대의 말하기는 무엇보다 기본기가 중요하다. 내가 청중에게 어떻게 보이는지, 내 말이 어떻게 전달되는지, 어떠한 자료를 활용해야 효과적인지 평소보다 더 많이 고민해야 한다.

동시에 원격 회의 프로그램을 사용하는 것이 편하게 느껴

질 때까지 리허설을 충분히 해야 한다. 그래야 내가 말하고
싶은 것을 청중에게 제대로 전달할 수 있다.

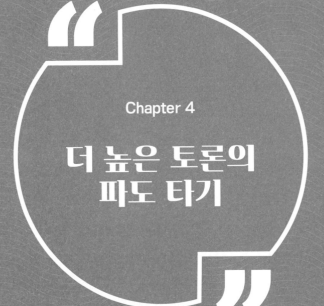

Chapter 4

더 높은 토론의
파도 타기

토론이 쉬워지는
논제 유형별 접근 방법

논제는 토론의 주제로, 일부 형식에서 의제라 부르기도 한다. 모든 논제에는 토론의 의도, 목적, 방향성이 내포되어 있고, 논제는 크게 옳고 그름의 측면에서 쓰이거나 문제와 해결 방안의 측면에서 기술된다. 어떠한 가치, 문제에 대한 핵심 쟁점을 문장으로 녹여낸 것이 논제이다. 여기서 좋은 논제란 찬성과 반대 측의 대립을 중심으로 핵심 쟁점을 포함하고 있으며, 토론에서 찬반 논거가 균형 있게 나올 수 있는 주제를 말한다.

논제는 기본적으로 사실 논제, 가치 논제, 정책 논제, 이 3가지 유형으로 구분하며, 여기에서 파생된 이해관계자 논제, 가상 시나리오 논제, 반사실 논제 등 다양한 유형이 있다. 그리고 이러한 주제는 난이도에 따라 당일 현장에서 발표되는 즉흥 주제와 토론 전 미리 공표하는 준비 주제로 나뉜다. 일상에서 접하는 회의 안건, 토론회 주제 등은 미리 제시되므로 준비 주제 유형으로 구분할 수 있다.

먼저 논제의 기본 유형 3가지를 알아보자.

사실 논제: 사실의 진위

말 그대로 사실 여부를 가리는 논제이다. '이 사건이 현실에서 발생할 수 있다'로 추정되는 사실과 관련된 판단을 내려야 한다. 그래서 '추정 의제'라고도 불린다. 사실 논제에서 가장 중요한 것은 참인지 거짓인지를 증명할 수 있는 근거 제시이다. 이러한 특성 때문에 어떤 사건이 실제로 일어났다는 사실을 뒷받침하는 근거만 확실히 제시하면 토론이 그대로 끝나기도 한다.

다만, 사실 파악에는 높은 수준의 전문성과 노력이 요구되므로 일반 토론에서 자주 다루는 논제 형식은 아니다. 오히려 다른 유형의 논제에서 사실 여부를 논의하게 되는 것이 일반적이다.

- 독도는 대한민국의 영토이다.
- 게임은 학업에 방해가 된다.
- 화성에는 생물이 존재한다.
- 고구려는 중국사이다.

접근 방법

사실 논제에 접근할 때는 무엇보다 신빙성 있는 정보를 제시하고 사실 유무를 입증해야 한다. 신빙성 있는 정보란 과학적 연구 결과, 학술 논문, 전문가의 의견 등으로 언론을 통해 재가공되는 과정에서 편집자의 주관이 들어간 정보와는 구분된다. 사실 논제에서 참 또는 거짓을 입증하는 데는 논제와 관련한 다양한 연구 결과와 통계를 객관적으로 분석해 인과 관계를 설명하는 능력이 중요하다.

가치 논제: 가치관의 차이

특정 행위나 선택의 옳고 그름, 즉 가치관의 차이에 따라 판단하는 주제이다. 주로 어떠한 사안에 대해 도덕적, 윤리적 평가를 요구하며, 어떤 것이 좋은지 나쁜지, 어떤 현상이 옳은지 그른지, 가치가 있는지 없는지 등과 같이 가치 판단이 주를 이룬다. 여러 갈등 상황을 제시하고 토론의 쟁점이 명확하기 때문에 합리적으로 판단할 수 있는 능력과 사고력 개발 등 교육적 목적을 위해 자주 사용하는 주제이기도 하다.

가치 논제를 다루는 토론에서 유의해야 할 점은 상대방이 옹호하는 가치를 수용하겠다는 가정하에 토론에 임해야 한다는 것이다. 그렇지 않으면 서로의 논거만 주장한 채 주요 쟁점이 형성되지 않아 서로 다른 입장만 내세우다가 토론이 끝나게 된다.

- 돈이 사랑보다 더 중요하다.
- 표현의 자유가 공익에 우선한다.
- 부모가 자녀의 모든 SNS 계정에 접속할 수 있어야 한다.
- 배부른 돼지가 되느니 배고픈 소크라테스가 되는 것이 더 큰 행복이다.
- 자선단체가 모금 대상에 대한 동정심을 극대화할 목적으로 빈곤을 사실보다 자극적으로 묘사하는 홍보물 제작활동을 규탄한다.
- 중·고등학교에서의 수준별 학급 편성을 지지한다.

접근 방법

가치 논제에 접근할 때는 '무엇이 옳은 것인가?'에 대한 가치 기준을 세우는 것이 중요하다. 토론자는 논제를 둘러싼 이슈와 큰 쟁점을 제시하고, 토론이 일어나는 맥락을 짚어줘야 한다. 가치 기준이 없다면 아무리 많은 근거를 제시할지라도 옹호하는 가치관이 옳다는 것을 증명하기 어렵기 때문이다.

이때, 상대방이 틀렸다고 하는 '절대적 관점'이 아니라, 개별적으로 좋은 가치들이 대립할 때 어떠한 가치를 우선 선택하는 '상대적 관점'에서 토론에 접근해야 한다. 그렇지 않으면 주요 쟁점도 형성되지 않고 서로의 주장만 일방적으로 개진하는 '평행선 토론'이 되기 쉽다.

어떠한 문제에 대한 실천 방안과 그에 따른 영향을 이야기하며, 사실과 가치 판단에 기초해 행동의 변화를 추구하는 논제이다. 동시에 어떠한 정책을 시행할지 말지를 판단하기 위한 기준으로 사실의 진위와 가치관의 차이를 아우른다. 주로 사회에서 시행되고 있거나 도입하려는 정책에 대한 비용편익과 실효성을 논하는 주제가 이에 속한다. 경쟁식 토론뿐만 아니라 조직의 의사 결정 과정에서 가장 많이 다뤄지는 유형이기도 하다.

- 양심적 병역 거부를 허용할 것이다.
- 국회의원 국민소환제를 도입할 것이다.
- 수술실 CCTV 설치 의무화를 제안한다.
- 소년법 폐지를 제안한다.
- '소다세' 도입을 제안한다.
- 교육감 선거 시 청소년의 투표권 부여를 제안한다.

접근 방법

정책 논제에 접근할 때는 현 상태에 어떠한 문제가 있고, 그 문제를 해결하기 위한 최적의 방안은 무엇인지에 대해 고민해야 한다. 새로운 정책을 제시하는 측(토론에서 일반적으로 찬성 측)은 왜 변화를 추구해야 하는지 증명할 입증 책임을 갖는다. 모든 변화에는 시간과 비용이 따르기 때문이다. 따라서 찬성 측은 현재 상황과 정책의 문제점을 명확히 지적하고, 이에 대한 해결책을 제시해야 한다. 즉, 현 상황을 바꿔야 하는 필요성과 정당성, 그리고 해결책의 효용과 편익을 주장해 청중을 설득할 수 있어야 한다.

반면, 반대 측은 크게 두 갈래로 논제에 접근할 수 있다. 하나는 현 상황에 문제가 없다는 것을 입증하고 새로운 정책의 도입으로 인한 단점과 비용을 지적하는 것이다. 다른 하나는 현 상황에 문제가 있다는 찬성 측의 주장을 수용하되, 다른 해결책을 제시하는 것이다. 이때 반대 측이 제시하는 대안이 찬성 측의 정책과 비교해 편익이 크다는 것을 증명할 수 있어야 한다.

무엇보다 정책 논제로 토론할 때는 정책의 도입 이유를 '종합적으로' 제시할 수 있어야 한다. 정책은 다양한 사실과 가치에 의거해 입안의 정당성을 갖기 때문에 정책 토론은 사실 토론과 가치 토론을 수반하는 경우가 많다. 예를 들어 '댓글 실명제를 도입할 것이다'라는 논제로 토론할 경우 '성숙하지 못하고 무분별한 댓글은 사회 구성원에게 정신적 피해를 준다'는 사실에 대한 판단과 '공익이 표현의 자유에 우선한다'는 가치에 대한 판단을 동시에 다뤄야 하는 것처럼 말이다.

지금까지 살펴본 사실, 가치, 정책 논제의 특성과 접근 방식만 알고 있어도 대부분의 토론 논제에 올바르게 접근할 수 있다.

그런데 토론을 세팅하는 진행자(퍼실리테이터), 교수자에게는 개별 상황, 조직에 맞는 논제 설계가 필요할 수 있다. 특정 방향으로 쟁점을 형성해 각 쟁점을 검증하기 위한 방향으로 말이다. 이때 사용할 수 있는 유형이 이해관계자, 가상 시나리오, 반사실 논제이다. 해외 서적이나 논문의 내용을 따와서 국내에는 잘 알려지지 않았지만, 최근 5년간 국제 토론대회에서 빈번하게 다뤄지는 유형이기도 하다.

이해관계자 논제:
~의 입장에서 좋은가 나쁜가, 할 것인가 말 것인가

특정 이해관계자의 입장에서 가치관이나 정책을 따지는 논제이다.

- 환경주의자로서 '공유 경제'의 부상을 규탄한다.
- 본 의회는 터키의 입장에서 시리아 내전에 개입할 것이다.
- 한국 정부로서 본 의회는 2020 도쿄 올림픽을 보이콧할 것이다.
- 본 의회는 북한의 입장에서 베트남식 개혁 · 개방 모델보다는 중국식 개혁 · 개방 모델을 채택할 것이다.

접근 방법

이해관계자 논제에 접근할 때는 철저히 논제에서 특정하는 이해관계자 입장에서 자신의 주장을 펼쳐나가야 한다. 아무리 많은 논거와 근거를 제시할지라도 해당 이해관계자 입장에서 어떻게 좋고 나쁜지를 설명하지 못한다면 그 토론에서 절대 이길 수 없다.

따라서 토론자는 논제의 주요 쟁점을 해당 이해관계자의 목표, 특성, 상황과 결부 지어 자신의 견해를 설득하는 것이 중요하다. 일반적으로 혹은 사회를 위해서 어떤 가치나 방안이 가장 좋은지를 증명해야 하는 논제와 달리 당사자의 가치, 배경지식, 이해관계 등을 분석해 그 입장에서 논지를 펼칠 수 있어야 한다.

예를 들어 '환경주의자로서 공유 경제의 부상을 규탄한다'와 '공유 경제의 부상을 규탄한다'는 각기 다른 논제이다. 전자는 철저히 환경주의자 입장에서 자신의 논리를 전개해나가야 하는 반면, 후자는 일반적인 관점에서 공유 경제의 사회경제적 영향에 대해 논리를 전개해나가야 한다.

가상 시나리오 논제

현실에서 불가능한 일이 가능하다고 가정한 상태에서 가치관의 차이, 정책의 정당성을 논하는 논제이다. 극한의 상황을 설정해 윤리적, 철학적으로 자신의 입장을 옹호하도록 요구하며, 트롤리 딜레마*나 우는 아이 딜레마**가 대표적인 예이다. 특히 급속한 기술 발전으로 큰 변화를 겪고 있는 현재와 다가올 미래에 대해 고민하게 하는 교육적 효과가 있다.

- 기술이 존재한다는 가정하에, 본 의회는 흉악 범죄를 저지른 범죄자에게 가한 신체적, 심리적 고통을 가상으로 겪게 하는 처벌을 시행할 것이다.
- 뇌와 신체의 기능을 급격하게 향상시키면서 부작용이 없는 가상의 알약이 있다고 가정할 때, 본 의회는 해당 알약의 생산과 판매를 허용할 것이다.
- 로봇의 지능이 좋아져서 인간처럼 생각하게 되고, 도덕적 판단력을 가지게 된다고 가정할 때, 본 의회는 로봇에게도 법적 권리를 부여할 것을 제안한다.

---

* 고장 난 트롤리 열차가 5명의 인부를 향하고 있다. 이때 변환기를 당기면 레일의 방향을 바꿀 수 있는데, 그러면 그곳의 인부 1명이 목숨을 잃게 된다. 당신이라면 변환기를 당길 것인가?
** 전쟁 중인 나라에서 젊은 어머니인 당신은 적군의 눈을 피해 아기를 데리고 이웃들과 함께 지하실에 숨어 있다. 겁에 질린 아기가 울기 시작하고, 만약 당신이 손을 치우면 아기의 울음소리가 새어나갈 것이 뻔한 상황이다. 그러면 적군은 마을 사람들을 찾아내 모두 총살할 것이다. 만약 당신이 손을 치우지 않으면 아기는 질식사하겠지만 마을 사람들의 목숨을 구할 수 있다. 이 경우 당신은 어떻게 할 것인가?

접근 방법

가상 시나리오 논제에 접근할 때는 현실이 아닌, 논제에서 묘사한 조건에 준해 자신의 입장을 개진해야 한다. 논제에서 제시된 특정 세계나 기술이 불가능하다고 반박하는 것은 허용되지 않는다. 극한 상황까지 생각하도록 토론자를 몰아붙이는 게 어려울 수 있지만, 세계관만 달라질 뿐 가치 토론과 정책 토론에 접근하는 방법과 유사하다.

반사실 논제: 만약 ~했다면 ~했을 것이다

현재 상황과 비교해 일어나지 않은 일을 가정하도록 요구하는 논제이다. 보통 어떤 사건이나 일 따위를 환영(Welcome)하거나 후회(Regret)한다고 표현하는 논제가 이 유형에 해당한다.

- 본 의회는 군 복무를 신성하게 여기는 통념을 후회한다.
- 본 의회는 미성년자들이 정치적으로 미성숙하다는 통념을 후회한다.
- 본 의회는 '긱 이코노미'*의 부상을 환영한다.

---

* 기업에서 시간 단위, 단기 프로젝트 단위로 임시로 사람을 고용해 서비스를 제공하는 경제 상황을 일컫는 용어다. 기업이 근로자와의 정식 계약을 통해 고객에게 서비스를 제공하는 것과는 대조된다.

접근 방법

환영하는 측(토론에서 대개 찬성 측)은 어떤 가치나 변화(트렌드)를 '환영'하는 상황이 일어나지 않았다면 현 상황이 어떻게 달라져 있을지를 추론해야 한다. 그리고 그러한 상황과 실제 상황을 비교해 '환영'하는 일이 일어난 세계가 사회적으로 바람직하다는 것을 입증해야 한다.

예를 들어 '긱 이코노미'의 부상을 '환영'하는 측은 긱 이코노미가 도래하지 않은 가상의 상황을 그리고, 사회경제적으로 지금의 현실보다 좋지 않다는 식으로 자신의 논지를 펼칠 수 있다. 반면, 반대 측은 찬성 측의 가정을 부정하고 그들이 말하는 반사실 세계가 현실보다 낫다는 내용에 대해 반박할 수 있어야 한다. 이를테면, 비정규직 노동자가 폭증하는 현재보다 정규직 근로 형태 중심의 과거 산업 구조를 유지한 세상이 사회경제적으로 더욱 살기 좋고, 부작용도 적었다는 식으로 토론을 풀어나갈 수 있다.

반사실 논제는 높은 수준의 스토리텔링을 요구하면서 프레임 비교, 직접적인 세계관의 비교 등이 들어간다는 점에서 단순히 어떤 사안을 지지하거나 반대하는 논제와는 구분된다. 유의할 점은 현재 상황과 반대되는 세계 역시 설득력이 있어야 한다는 것이다. 즉, 원하는 모든 것이 이루어지는 유토피아를 가정할 수는 없다.

지금까지 총 6가지 논제 유형을 살펴보았다. 논제 유형을 이해하는 것은 토론의 맥락을 잡기 위한 첫 걸음이다. 맥락을 제대로 파악해야 시간과 노력을 낭비하지 않고 필요한 곳에 사용할 수 있다.

논제를 보는 눈을
키우는 방법

논제는 저마다 의도를 품고 있다. 같은 사안을 다루더라도 각각의 관점과 목표에 따라 다르게 기술되는 것이 논제이다. 이에 따라 논제의 주요 쟁점도 달라진다. 이러한 이유로 토론자는 논제 유형의 특성을 알고 토론에 임해야 한다. 주어진 토론 주제에 대해 아무런 관점 없이 접근하는 사람보다는 각 논제의 의도를 이해하고 분석하는 사람이 토론에서 더욱더 명확하고 설득력 있는 주장을 펼칠 수 있다.

그런데도 많은 사람이 논제를 분석할 때 토론의 전체적인 맥락 잡기를 생략하고 바로 자료조사로 넘어가곤 한다. 선생님, 직장 상사, 심사위원 등 논제를 정한 사람의 의도를 생각해보지 않은 채 정보 채우기에 급급한 것이다. 논제와 관련한 배경, 이슈 등 정보를 아는 것만큼 논제의 프레임과 의도를 파악하는 일이 중요한데도 말이다. 같은 이슈를 다루는 논제라도 논제 유형에 따라 주요 쟁점과 프레임이 달라진다. 다음 예시를 통해 알아보자.

- 기본소득제는 기존 복지 예산보다 돈이 적게 든다.
- 기본소득제는 필요하다.
- 기본소득제를 도입할 것이다.
- 장년층으로서 기본소득제를 지지한다.
- 기본소득제 도입을 후회한다.
- 예산이 충분하다는 가정하에, 기본소득제를 도입할 것이다.

위 예시들은 모두 '기본소득제'라는 동일한 주제로 이야기하고 있지만 논제가 쓰인 방식에는 차이가 있다. 눈치가 빠른 독자라면 각 논제가 지향하는 목표와 주요 쟁점이 다르다는 것을 파악했을 것이다.

첫 번째 예시는 사실 논제이다. 이 토론에서 핵심 쟁점은 '기본소득제를 시행하는 데 들어가는 예산이 현 복지 예산보다 더 적다'라는 것이 사실인지 아닌지를 가려내는 데 있다. 두 번째 예시는 기본소득제가 필요한지 아닌지를 판단하는 것으로, 양측이 주로 기본소득제의 가치적 측면을 논하도록 요구하고 있다. 세 번째 예시는 기본소득제가 현 상황에서의 문제를 해결하는 옳고 효과적인 방안인지 토론하도록 요구한다. 네 번째 예시는 모든 시민, 한 사회에 관점에서 토론을 분석하는 것이 아니라 장년층이라는 이해관계자의 입장에서 토론하도록 요구한다. 다음 예시는 기본소득제가 이미 도입되었다는 가정하에, 기본소득제가 도입된 세계와 그렇지 않은 세계를 비교하는 데 초점이 맞춰져 있다. 마지막 예시는 가상 시나리오 논제로, 예산이 충분하다는 조건을 덧붙여 기본소득제의 장단점과 가치적 논의에 대해 주요 쟁점을 형성하고 있다.

- 기본소득제는 기존 복지 예산보다 돈이 적게 든다. → 사실 논제
- 기본소득제는 필요하다. → 가치 논제
- 기본소득제를 도입할 것이다. → 정책 논제
- 장년층으로서 기본소득제를 지지한다. → 이해관계자 논제
- 기본소득제 도입을 후회한다. → 반사실 논제
- 예산이 충분하다는 가정하에, 기본소득제 도입을 할 것이다. → 가상 시나리오 논제

물론 하나의 주제에서 복수 이상의 프레임과 쟁점이 나올 수도 있다. 그러나 논제 유형에 따라 전체적인 맥락과 토론을 분석하는 각도가 변할 것이고, 이에 따라 논하는 내용의 비중도 크게 달라질 것이다. 이는 토론에서뿐만 아니라 업무, 수업, 공모전 등

여러 분야에도 적용된다. 직장이라면 상사의 의도에 따라 회의 안건이나 과제가 기술될 것이고, 수업이라면 선생님에 의도에 따라 토의 주제가 쓰일 것이고, 공모전 주제에는 출제자의 의도가 명확히 나타나 있을 것이다. 이러한 의도를 파악한 사람이 논지에 맞게 자신의 주장을 논리적이고 설득력 있게 풀어갈 수 있음은 당연한 일이다. 논제의 유형을 이해하고 그 의도를 파악해야 하는 이유이다.

03 | 토론이 산으로 가는 것을 막아주는 논제 정의하기

필자는 토론 경기 심사 외에도 업무상 다른 조직의 회의 과정에 참여하곤 한다. 이때는 주로 관찰자 입장을 유지하는데, 회의 중에 논의의 범위를 좁히지 못하거나 궁극적으로는 서로 같은 것을 원하는데도 대립하는 상황을 종종 목격한다. 회의가 끝난 후 이러한 현상을 함께 분석해보면, 열의 아홉은 같은 주제를 서로 다르게 이해하는 데서 기인함을 확인하게 된다.

이는 실전 토론에서도 자주 일어난다. 논제의 의도가 명확하다고 생각한 나머지 주요 용어의 뜻을 설명하지 않고 자기 해석대로 토론을 밀고 나가는 경우다. 그러면 같은 용어라도 서로 다르게 이해하고 있어 토론이 산으로 갈 가능성이 높아진다. 상대방과 주요 쟁점에 대해 적절한 의사 교환이 이루어지지 않고 토론이 끝나버리기도 한다.

이러한 오류를 방지하기 위해 토론자는 토론 초반부에 용어를 명확히 정의해줘야 한다. 그래야 쟁점이 뚜렷해지고, 생산적인 토론을 할 수 있다. 본격적인 토론에 앞서 논제에 관해 참여자 간 공통된 이해를 형성함으로써 쟁점을 명확하게 하는 과정인 셈이다.

용어 정의는 일반적으로 토론에서 첫 번째로 발언하는 사람이 하게 된다. 토의에서도 마찬가지다. 진행자나 발제자가 오늘의 안건을 정확히 풀어 설명해줘야 의미의 왜곡 없이 나머지 과정을 수월하게 진행할 수 있다. 첫 번째 발언자는 용어를 정의함과 동시에 토론의 범위를 정한다. 정책 토론의 경우 용어를 정의하면서 정책의 기본 안에 대해 설명하는 일이 추가된다.

그렇다면 논제 정의는 어떻게 할 수 있을까?

논제 유형에 따라 정의하는 방식이 조금 다를 수 있지만, 논제를 정의하는 가장 보편적인 방법은 주요 용어를 직역하는 것이다. 토론자는 용어나 단어를 풀어서 설명하거나 사전적 정의를 빌려와 용어 정의를 내릴 수 있다. '언론의 정치인 사생활 보도를 금지해야 한다'라는 주제로 토론한다고 가정해보자. 이 경우 '언론'을 정의하기 위해 사전을 참조해 '신문, 잡지, 방송 등을 통해 뉴스나 사실을 알리거나 의견과 논의를 전개해 여론을 형성하는 기관'이라고 말할 수 있다.

다음은 문맥을 들어 논제를 정의하는 방법이다. 문맥 정의란 단순한 용어 정의를 넘어 논제와 관련된 배경, 쟁점, 토론 범위 등을 명확히 하는 것이다. 사전적 정의를 제시하는 것만으로도 충분한 단순 논제들이 있지만, 대부분의 토론에서는 사전적 정의를 넘어 맥락을 제시해주어야 한다.

예를 들어 '언론의 정치인 사생활 보도 금지'에 대해 토론한다면, 최근 혹은 과거에 이슈가 되었던 언론의 사생활 보도 행태 사례를 강조하면서 '사생활 보도'의 범위가 어디까지인지를 상대방과 청중에게 안내해야 한다. 용어를 정의하는 것뿐만 아니라 현재 상황, 이슈에 대해 설명하면서 주제에 관한 공통된 이해를 정립하는 것이다.

또한 문맥 정의를 할 때 유용하게 사용할 수 있는 방법은 논제 범위에 해당되지 않는 내용을 제시해주는 것이다. 용어를 정의한다고 하면 이 토론이 무엇에 관한 것인지에만 초점을 맞추는 경향이 있는데, 토론에서 어떠한 사안을 배제할 것인지 합리적으로 설명해주면 토론의 선을 더욱더 명확히 그을 수 있다.

'먹방이 사회에 미치는 득보다 실이 많다'라는 논제를 예로 들어보자. 먹는다는 뜻의 '먹'과 방송의 '방'이 합쳐진 신조어인 '먹방'은 사전적 정의를 사용할 수 없고, 이에 따라 문맥을 들어 정의할 수밖에 없다. 이를 위해 토론자는 햄지와 Jane ASMR 제인 등 유명 유튜버 방송을 예로 들며 '먹방'이란 "음식을 먹는 모습을 보여주고 소리를 들려주며 시청자들의 식욕을 돋우거나 대리 만족을 느끼게 하는 방송"이라고 정의할 수 있다. 덧붙여 "기존 방송에서 다루는 맛집 찾기나 요리 서바이벌 대회 등은 토론의 범위에서 벗어난다"라고 설명하면 토론의 범위는 한층 더 명확해진다. 이렇게 한 문장만 더해주어도 토론이 진행됨에 따라 '무엇이 먹방이냐'라는 정의에 대한 토론으로 이어지는 불상사를 피할 수 있다.

마지막으로 용어 정의뿐만 아니라 통계, 사례 등의 예시를 활용해 논제 정의를 내릴 수 있다. 예를 들어 '투표를 의무화할 것이다'라는 논제에서 찬성 측은 투표 의무화를 실시하고 있는 나라들을 언급하며 투표 의무화가 어떤 의미인지 논제의 정의를 보다 명확히 할 수 있다.

위 3가지 방식만으로도 논제를 정의할 수 있지만, 노련한 토론자는 추가적으로 다음 2가지 방식을 활용한다. 바로 정책을 정의하는 것과 기준에 대한 정의를 내리는 것이다. 이는 보편적인 정의 내리기 방식은 아니지만, 일부 정책 토론과 가치 토론에서 필요한 요소들이다.

정책 토론에서 찬성 측은 논제가 나타내는 정책의 개념과 세부사항을 설명해야 한다. 여기서 세부사항이란 어떤 주체가 어떤 대상에게 어떤 지원 혹은 제재를 가하는지 간략하게 설명하는 것을 의미한다. '의무 투표제'를 예로 들면 "선거권이 있는 시민이 총선과 대선에서 합당한 사유 없이 투표하지 않을 경우 일정 수

준의 벌금을 물게 할 것이다"라고 정책을 설명하는 것과 같다.

다른 하나는 기준을 정하는 것이다. 현 상황의 문제를 해결하기 위한 일종의 행동과 변화를 촉구하고 설득하는 정책 토론과 달리 가치 토론에서는 무엇이 옳은 것인가에 대한 나름의 기준을 세우는 과정이 필요하다.

예를 들어 '약한 민주주의보다 강한 독재가 더욱 바람직하다'라는 논제로 토론할 때는 바람직한 결과와 상태는 언제 달성될 수 있는지 기준을 제시해주어야 한다. 이를테면, 사회가 안정되어 다수가 정부 혜택을 누릴 수 있을 때를 바람직한 것으로 기준을 세우는 것처럼 말이다.

지금까지 설명한 내용을 정리하면 다음과 같다.

직역(Literal)	단어를 풀어서 설명하거나 사전적 정의를 활용한 정의
문맥(Contextual)	배경, 쟁점, 범위를 명확하게 하는 정의
예시(Example)	통계, 사례, 연구 결과 등의 예시를 활용한 정의
정책(Policy)	정책(또는 대안)의 세부사항이 담긴 정의
기준(Criteria)	각 팀에서 증명해야 하는 것, 평가의 기준을 활용한 정의

논제에 따라 직역만으로도 충분할 때도 있으나, 대개 2개 이상의 방식을 혼합해 정의하는 것이 효과적이다. 필자는 가능한 한 모든 방식을 활용해 토론의 정의와 범위를 명확히 하는 것을

추천한다. 그래야 논제, 안건에 대한 혼란을 미연에 방지할 수 있고, 쟁점이 표면에 드러나 본질에 집중해 토론할 수 있기 때문이다. 토론하는 논제의 의도와 범위에 대해 서로의 이해가 일치되면 주요 쟁점을 형성하고 보다 효율적으로 토론을 진행할 수 있다.

이와 반대로 승패에 과도하게 집착한 나머지 논제에 대해 매우 비합리적인 정의를 내리는 사람들이 있는데, 이는 토론 매너와 규칙에 어긋나는 일이다. 논제에 대한 정의는 일반 사람이 예측 가능한 범위 내에서 보편적 관점으로 내려져야 한다.

그럼에도 불구하고 상대방이 비합리적으로 토론의 의도와 범위를 축소한다면 어떻게 대응해야 할까? 이때는 다음 기준에 따라 상대방의 논제 해석이 불공정한지 아닌지를 따져보고, 만약 그렇다면 논제를 재정의해야 한다.

특정 시대: 논제의 범위를 특정 시대에 한정 짓는 것

대부분 토론은 현시대를 배경으로 '어떤 행위가 혹은 방안이 최선인가'라는 물음에 서로 답하면서 대안을 찾아가는 과정이다. 이러한 이유로 논제를 비틀어서 특정 시대로 토론의 범위를 한정 짓는 것은 허용되지 않는다. 이를테면 '기본소득제 도입'에 대한 토론에서 토론자가 "본 토론은 2030년 이후에 발생할 이슈에 관한 것으로 그 시점 이후의 영향에 대해서만 논의해야 합니다"라고 논제의 범위를 제한하는 경우다. 물론 예외는 있다. 과거에 있었던 일을 조명하는 역사 토론이나 가상 시나리오 논제에 대해서는 특정 시대로 제한할 수 있다. 그러나 이 경우 시대상과 배경 설명이 대부분 논제에 언급되므로 논제를 정의할 필요성은 크지 않다.

특정 장소: 논제의 범위를 특정 장소로 한정 짓는 것

논제에 구체적으로 공간 배경이 설정되지 않았는데 상대방이 임의로 이를 정의하거나 제시된 공간의 범위를 자신에게 유리하게 좁히는 경우이다.

예를 들어 '가짜 뉴스를 정부가 규제해야 한다'라는 주제의 토론에서 찬성 측이 배경을 중국이나 북한과 같은 공산주의 국가로 정의해서는 안 된다. 지나치게 불공평한 기준이 될 뿐 아니라 민주주의 사회에서 적용하는 기준이나 근거와 동떨어진 내용 위주로 토론이 진행될 것이기 때문이다.

단, 정책 토론의 경우 그 배경이 한국임을 가정하거나 민주주의 사회를 기준으로 정의할 수 있다. 특정 장소를 편파적으로 해석하고 있는지 아닌지는 논제와 관련된 최근 이슈 등 맥락을 살펴보면 된다.

유의어 반복:
같은 뜻의 말을 표현만 달리해 불필요하게 되풀이하는 것

한 단어나 문장에서 동의어나 유의어를 반복해 논제를 자신에게 유리하게 정의하는 것이다.

예를 들어 '국가 재난 상황에서 인권 보호를 최우선의 가치로 여겨야 한다'라는 논제에서 찬성 측이 "인권 보호는 정부가 지켜야 할 최고의 가치입니다. 따라서 인권 보호를 최우선으로 해야 하는 기준을 확립하는 측이 본 토론에서 승리하게 될 것입니다"라고 기준 설정을 하면 동어 반복이 된다. 찬성 측은 '인권 보호가 최우선의 가치이다'라는 명제를 입증할 책임이 있음에도 불구하고, 전체 토론의 기준을 자신에게 맞춰 임의로 설정했기 때문에 나쁜 정의라고 할 수 있다.

자의적 해석:
논제의 문맥에 맞지 않거나 사전적 의미에서 어긋나는 정의

논제의 모호한 부분을 자신에게 유리한 방향으로 의도해 자의적으로 해석하는 경우를 말한다.

예를 들어 '소다세 도입을 제안한다'라는 논제의 토론에서 찬성 측이 '소다세'를 통상적으로 쓰이는 '설탕이나 인공감미료가 첨가된 음료에 세금을 더 매기는 정책'이라는 의미가 아닌 '고

카페인 에너지음료에 세금을 부과하는 정책'이라 정의했다고 가정하자. 이 경우 반대 측이 제시할 수 있는 주장 중 많은 부분이 더 이상 유효하지 않게 된다. 반대 측은 이러한 해석을 자의적인 것으로 간주할 수 있다. 이때 유의할 점은 '일반적이고 평균적인 지식 수준을 갖춘 사람 기준'에서 왜 그 해석이 합리적이지 못한지를 청중에게 설명해줘야 한다는 것이다.

위 예시와 같이 상대방이 토론에서 승리할 목적으로 논제를 과도하게 비틀 때에는 제시된 정의를 거부하고 논제에 대한 새로운 정의를 내리는 것이 필요하다. 이때는 다음과 같이 토론을 풀어나가는 것이 효과적이다. 먼저 상대측의 정의가 왜 틀렸는지 혹은 불공정한지를 논제의 맥락을 따져가며 설명한다. 그다음으로 우리 측의 대안 정의를 제시하고 왜 이 정의가 논제 의도에 맞는지 비교 분석하는 과정이 필요하다. 그러고 나서 상대측의 논거에 대해 반론해야 한다.

'우리가 생각하는 정의가 맞으니 상대측 주장은 모두 무시하면 돼'라고 생각하는 태도는 좋지 않다. 우리가 해석한 논제의 틀 안에서 논리를 전개해나가는 동시에 상대측의 논리에 반하는 주장을 해야 한다. 상대방의 논제 해석이 맞지 않더라도 우리 측 입장을 약화하는 유효한 논거가 있을 수 있기 때문이다. 그리고 이는 청중 혹은 심사위원이 결정하는 사안이므로 가능한 한 상대방의 주요 의견을 반박하는 것이 안전하다.

Step 1	상대방의 논제 정의가 왜 틀렸는지, 왜 불공정한지 설명
Step 2	대안 정의를 제시
Step 3	왜 내가 제시한 정의가 논제 의도에 맞는지 설명
Step 4	상대방 논거를 반론

사실 논제 정의에 대한 이의제기는 최후의 수단으로 둬야 한다. 이의제기를 하면 토론이 지나치게 복잡해져 제대로 토론이 이뤄지기 어렵다. 토론자는 자신이 준비한 토론과 다르거나 취향에 맞지 않는다는 등 단순한 이유로 이의제기를 해선 안 된다. 용어 정의를 충분히 하지 못했더라도 찬반 토론이 가능하다면 이의제기 없이 진행하는 것이 좋다. 이때는 토론 중에 상대방에게 충분히 질문해 토론의 범위를 보다 명확히 하자.

지금까지 논제를 정의하는 방법과 비합리적인 정의에 대처하는 방법을 살펴보았다. 토론자들이 간과하기 쉬운 부분이지만, 논제를 어떻게 정의하느냐에 따라 토론의 질이 달라진다. 논제를 올바르게 정의하지 않으면 토론 후에 유의미한 대안이나 합의점을 찾을 수 없다. 논제 정의가 중요한 이유이다.

말만 잘하면 된다는 통념과 달리 토론의 상당 부분은 문제를 해결해나가는 과정이 차지한다. 문제를 해결하기 위해서는 문제를 뾰족하게 정의해야 하고, 이는 문제가 무엇인지 찾는 것에서부터 시작된다.

세상에는 수많은 문제가 있다. 그중 대부분은 우리가 문제라고 인식하지 못하는 것들이다. 우리는 일부 문제에만 관심을 가지며, 지극히 작은 부분만 직접적으로 경험한다. 그렇다면 '문제'란 무엇일까?

'코로나19 확진자가 빠른 속도로 증가하고 있다'라는 사실을 보자. 문제가 무엇일까? 누군가는 '당국의 소극적인 초기 대처'를 문제로 정의할 수도 있고, 다른 누군가는 '마스크 쓰는 것을 기피하는 문화'를, 또 다른 누군가는 '확진자 조기 발견 시스템의 부재'를 문제로 지목할 수 있다. 간혹 제시된 현상(코로나19 확진자의 증가) 자체가 문제이므로 더 이상의 분석은 필요 없다고 판단하기도 한다. 모두 해결하기 어렵거나 난처한 일이긴 하다.

'코로나19 확진자가 빠른 속도로 증가하고 있다'라는 사실의 문제는?

- 당국의 소극적인 초기 대처
- 마스크 쓰는 것을 기피하는 문화
- 확진자 조기 발견 시스템의 부재
- 코로나19 확진자의 증가

이것으로 문제를 잘 정의했다고 할 수 있을까? 문제를 제대로 해결하기 위해서는 문제 자체를 다듬어야 한다. 위에 나열된 문제는 뾰족한 문제라기보다는 뭉툭한 문제, 즉 일종의 현상에 가깝다. 문제를 제대로 정의하기 위해서는 여기서 한 걸음 더 나아가야 한다.

이때 유용한 것이 '왜'라는 질문이다. "당국의 대처가 왜 소극적일까?", "왜 확진자 조기 발견이 어려울까?" 등의 질문을 던지는 것이다. 나아가 최소 3번 정도는 '왜'라고 질문해 문제를 파고드는 것이 중요하다. 문제를 해결하기 위해서 토론자는 현상을 넘어서 문제의 원인을 찾을 수 있어야 한다. 다시 말하면 뾰족한 문제, 즉 문제가 아닌 문제나 현상의 원인이 되는 '문제점'을 찾아야 한다.

- 당국의 소극적인 초기 대처 → 당국의 대처가 왜 소극적일까?
- 마스크 쓰는 것을 기피하는 문화 → 왜 마스크를 쓰는 것을 꺼릴까?
- 확진자 조기 발견 시스템의 부재 → 왜 확진자 조기 발견이 어려울까?
- 코로나19 확진자의 증가 → 왜 코로나19 확진자가 증가하고 있을까?

문제를 정의하는 것이 중요한 이유는 어떻게 문제를 정의했느냐에 따라 해결책이 완전히 달라지기 때문이다. 즉, 문제 자체를 세밀하게 다듬을수록 그에 맞는 해결 방안이 나올 가능성도 높아진다. 반대로 문제가 제대로 정의되지 않으면 효과적인 해결책을 기대하기는 어렵다.

예를 들어, 출산율이 낮아지는 현상에 대해 '양질의 일자리 부족'을 문제로 정의한 사람의 해결책은 '안정된 일자리 제공'에 초점을 맞춘 경제 정책이 될 가능성이 크다. 반면 '육아, 가사, 돌봄이 여성에게만 몰려 있는 것'을 문제로 정의한 사람은 가정에서 남녀가 공평하게 노동을 분배하도록 인식 개선과 이를 위한 지원책에 초점을 맞춰 정책을 구상할 것이다.

대부분 우리가 문제라고 인식하는 것은 문제의 현상일 뿐이다. 문제 자체가 초래한 현재의 상태인 셈이다. 이는 우리가 접하는 뉴스에서도 쉽게 목격된다. 언론이 매일 수많은 이슈를 쏟

출처: 네이버 뉴스홈(2021.01.23.)

아내지만, 문제를 조명하는 기사의 대부분은 엄밀히 말해 문제점을 다루지 않는다. 지금 상황이 이렇다는 것을 보여주는 것뿐이다. 이처럼 어떠한 사안을 현상 위주로 접근하면 진짜 문제를 찾을 수도, 효과적인 해결책을 찾을 수도 없다. 따라서 진짜 문제를 찾기 위해서는 그러한 일이 일어나는 원인들을 정리해보고 그중 주요 원인을 찾아야 한다.

현실에서는 관심 있는 소재를 발굴한 후에 관련 분야에서 문제를 찾고 이를 구체화해 해결 방안을 제시하는 일련의 과정을 거친다. 단, 토론에서는 쟁점이 명확한 논제가 주어지므로 소재를 찾는 단계는 생략된다. 대신 주어진 문제를 분석하는 과정이 더욱 중요해진다. 따라서 주어진 문제의 원인을 찾는 노력만 해도 문제를 분석하는 능력이 몰라보게 향상될 것이다. 이를 위해 일상에서도 어떤 현상을 발견하면 관심을 갖고 문제의 원인을 찾는 습관을 들이자. 그럴 때야 토론은 삶의 무기가 된다. 그리고 나의 사고, 더 나아가 내가 사는 사회를 더 풍요롭게 만들 수 있다.

토론의 전체 맥락 파악하기, 3W 분석법

토론회나 토론대회에 참가한다고 가정해보자. 이때 토론 주제는 사전에 받았을 수도 있고, 당일 현장에서 알게 될 수도 있다. 상황이 어떻든 내가 잘 아는 주제가 나올 확률은 낮다. 모르는 주제에 관해 토론해야 하는 경우, 대부분은 어떻게 해야 할지 몰라 전전긍긍하며 많은 시간을 허비하거나, 인터넷 검색을 하기 시작한다. 인터넷 검색이라도 하는 것이 걱정만 하는 것보다 낫긴 하지만, 이 역시 토론을 준비하는 좋은 방법은 아니다. 체계 없이 잘 모르는 분야의 내용을 검색하면 정보의 홍수에 휩쓸리기 쉽기 때문이다. 결과적으로 주제 분석이 아닌 무분별한 정보 수집이 될 가능성이 높다. 그러므로 토론 주제를 분석할 때는 검색 전 나와 팀원의 사고력을 활용해 주제에 대한 최소한의 논리적 기틀을 잡는 과정이 필요하다.

먼저 이를 도와줄 토론 주제 분석법을 살펴보자. 이는 필자가 '3W 분석법'이라고 부르는 3가지 질문 분석법으로, 단시간에 토론의 맥락을 파악하고자 할 때 유용한 프레임이다. 즉흥 주제 토론에서 자주 사용하는 방법이며, 토론에서 우리 입장을 지지하는 논리의 틀을 구축하는 데 유용한 생각 도구이다.

첫 번째 질문, Why: 이 주제에 대해서 왜 토론하는 걸까?

이 질문은 주제나 안건을 전체적으로, 그리고 균형 잡힌 시각으로 이해하는 데 도움이 된다. 주제를 받으면 먼저 "이 주제에 대해서 왜 토론하는 걸까?", "주제가 의도하는 것은 무엇일까?"와 같은 질문을 스스로 해보자. 모든 토론 논제에는 해당 논제를 제시한 심사위원장(토론대회 기준) 혹은 담당자나 상사(실무 기준)의 의도가 내포되어 있다. 주제나 안건의 의도를 파악해야만 핵심 쟁점 위주로 그에 맞는 논지를 전개할 수 있다.

이 단계에서는 세부 질문을 통해 다음 내용에 하나하나 답할 수 있어야 한다. 구체적으로 파고들기보다는 가능한 한 아이디어 공유 차원에서 서로의 의견을 주고받는 데 초점을 맞추고 주제를 분석하는 것이 좋다.

• 현재 상황: 제시된 주제 혹은 안건과 관련해 어떤 일들이 일

어나고 있는가? 관련 이슈가 무엇인가?

- 용어 정의: 주제 속 특정 단어나 용어는 무엇을 의미할까?
- 문제: 현재 상황에서 어떠한 문제들이 있고, 그 원인은 무엇일까?
- 정책(필요 시): 어떤 해결 방안이 있을까?
  - 계획: 특정 기관의 구체적인 행동 방침
  - 행동 방침: 어떠한 일이 실행될 것인가? 이 일의 목적은 무엇인가?
  - 주체: 누가 정책을 세울 것인가? 이 정책은 어디서 시행될 것인가?
  - 시행: 실현 가능한 정책인가?

'가짜 뉴스를 정부가 규제해야 한다'는 논제를 위 질문에 적용해보자. 토론자는 논의를 통해 가짜 뉴스와 관련해 최근에 어떠한 이슈가 있었는지 배경을 파악해야 한다. 동시에 '가짜 뉴스'나 '규제'와 같은 논제의 주요 용어들을 정의함으로써 토론의 범주를 명확히 하는 일이 필요하다. 그러고 나서 주제와 관련해 어떠한 문제가 있는지, 가짜 뉴스가 퍼지는 원인은 무엇인지 팀원과 논의하는 과정을 거쳐야 한다. 이때, 전자기기를 잠시 멀리하고 처음 몇십 분만이라도 스스로 사고하는 연습을 반복하면 사고력이 몰라보게 향상될 것이다. 그리고 이 토론은 가치 토론이지만 '정부가 규제해야 한다'라는 준정책의 요소를 띠고 있으므로 정부가 어떤 식으로 규제해야 좋을지에 대한 논의도 간략하게 이어가는 것이 좋다. 그러나 정책 토론만큼의 구체적인 계획이나 실현 가능성에 관한 논의는 필요하지 않다.

두 번째 질문, What:
상대를 설득하기 위해 무엇을 증명해야 하는가?

첫 번째 질문을 통해 토론 주제의 전체 맥락을 파악했다면, 주요 쟁점별로 무엇을 증명할 것인지를 파악하는 과정이 필요하다. 토론에서는 찬성 측과 반대 측이 꼭 입증해야만 하는 주요 쟁점이 있다. 그러한 쟁점을 나열해보고 무엇을 증명해야 하는지 파악하는 일은 토론을 일관성 있게 풀어나가고 상대방을 설득하는 데 있어 매우 중요하다.

'가짜 뉴스를 정부가 규제해야 한다고 생각한다'라는 주제로 돌아가면, '표현의 자유 대 공익'과 '규제로 인한 편익 대 비용' 등이 주요 쟁점으로 떠오를 것이다. 만약 주제에 대한 나의 입장이 반대라면, 정부 주도로 가짜 뉴스를 규제하는 것이 어떻게 표현의 자유 혹은 언론의 자유를 침해하는지 설명과 증거를 통해 증명할 수 있어야 한다. 자신이 옹호하는 입장의 입증 책임을 알고 토론에 임하는 것과 그렇지 않은 것은 완전히 다른 결과를 가져오기 때문이다. 입증 책임을 정확히 알고 토론에 임하는 사람은 토론 내내 일관성 있게 자신의 주장을 펼치고, 상대측에게 입증 책임을 전략적으로 부과할 수 있다. 또한 어느 정도까지 상대 측의 의견을 인정할지 전략적으로 파악해 논리적 오류를 피할 수 있다.

세 번째 질문, Who: 어떤 이해관계자가 존재할까?

위 두 질문을 통해 주제와 팀의 입장을 파악했다면, 마지막으로 주제와 관련된 이해관계자가 누구인지, 그리고 그들의 입장이 무엇인지 알아야 한다. 토론에서 이해관계자란 주제와 관련해 직간접적으로 관계가 있는 사람이나 그러한 사람의 집단을 뜻한다. 모든 토론은 우리가 사는 사회의 개인, 집단, 기관, 그리고 더 나아가 전 인류와 관련된 것이다. 그렇기에 토론자는 주제와 관련된 여러 이해관계자의 입장에 공감해야 하며, 나의 입장과 주장에 살을 붙여 구체적으로 논거를 구상할 수 있어야 한다.

이해관계자를 분석하기 위해서는 당사자를 직접 만나거나 심층 인터뷰 기사를 읽어보는 것이 가장 좋지만, 이 장의 목적은 토론에 필요한 논리의 틀을 빠르게 정립하는 것이므로 관련된 사람들의 입장을 공감해보는 것만으로도 충분하다. 이를 위해서 다음의 방법을 시도해보자.

논제와 직간접적으로 연관된 사람, 기관의 목록 작성하기

먼저 논제와 직간접적으로 연관된 사람과 기관의 목록을 작성해보자. 이때 연관되어 생각나는 사람이나 기관을 모두 적어 봐야 한다. 일종의 브레인스토밍 과정과 유사하다. '가짜 뉴스' 주제와 관련해 정부, 일반 시민, 청소년, 유튜버, 언론 매체, 정치 인, 포털사이트, 학부모 등 조금이라도 관련 있는 사람이나 기관 을 모두 나열해본다. 그리고 대그룹과 소그룹으로 쪼개본다. 언 론 매체라면 기존 언론과 인터넷 언론 매체 등으로, 인터넷 언론 매체 역시 정치 성향에 따라 분류할 수 있다.

논제와 관련된 사람과 기관에 우선순위 매기기

다음으로 이해관계자 목록에서 주제와 관련해 가장 큰 영향 을 받는, 혹은 미래에 영향을 받게 될 이해관계자를 찾아보자. 이때 팀원과 논의하여 주요 이해관계자를 걸러내야 한다. 애매 한 이해관계자는 그대로 내버려두고, 관련이 없는 이해관계자를 제외해가며 논제와 깊이 연관된 이해관계자를 선정하는 것이다.

각 이해관계자에 공감해보기

주요 이해관계자가 누구인지 파악했다면 공감력을 발휘해 해 당 이해관계자의 삶으로 들어가보자. '만일 내가 그 사람이라면, 그 기관의 대표라면 어떻게 생각할까' 질문을 던져보자.

- 그들은 이 주제(정책)에 대해 어떤 생각을 하고 있을까?
- 그들은 이 주제(정책)에 찬성할까, 반대할까?

- 찬성 혹은 반대를 왜 할까?
- 이 주제(정책)는 그들에게 어떤 영향을 미칠까?

이처럼 질문한다면 논제와 관련된 사람들이 생각하고 느끼는 것에 더 공감할 수 있을 것이다. 공감한다는 것은 다른 사람의 입장을 이해하고 느낀다는 의미이다. 이는 곧 주제를 더욱 심층적이고 다각도로 분석할 수 있는 시각을 갖게 된다는 의미이기도 하다.

논제를 통해 각 이해관계자가
어떤 영향을 받게 될지 최종 평가하기

위 모든 과정을 거쳤다면, 다시 토론자의 관점으로 돌아와 토론 주제가 이해관계자와 어떻게 연관되어 있는지, 이해관계자에게 어떠한 영향을 미치는지 객관적으로 검토해보자. 이러한 내용을 정리하면 고스란히 하나의 논거가 될 수 있고, 논거를 설명할 때 각 이해관계자의 분석 내용을 더하면 더욱 탄탄한 논거를 만들 수 있다.

3W 분석법을 활용해 논제를 분석하는 데는 20분에서 최대 50분이면 충분하다. 이 과정을 통해 토론자는 논제의 맥락을 파악하고 논리의 틀을 짤 수 있다.

정책 토론의 길잡이, NPB 분석법

3W 분석법이 모든 유형의 토론 주제에서 전체적인 맥락을 잡는 데 유용한 틀이라면, NPB 분석법은 정책 토론에 특화된 분석법이다. NPB는 정책 논제에 대해 토론할 때 논의해야 하는 요소들의 약자로, 각각 Need(필요성), Practicality(실현 가능성), Benefit(편익)을 뜻한다.

NPB 분석법을 구체적으로 살펴보면 다음과 같다.

필요성(Need): 이 정책의 도입이 왜 필요한가?

정책 토론에서 정책을 도입하고자 하는 측(대개 찬성 측)은 언제나 변화를 촉구하는 입장에 서게 된다. 정책 입안은 현 상태에 변화를 준다는 의미이고, 현 상태가 변화하는 데는 일정 수준 이상의 비용이 발생할 수밖에 없다. 따라서 찬성 측은 청중에게 변화에 대한 필요성을 납득시켜야 한다. 단순히 정책의 좋고 나쁨을 논의하기 전에, 현재 어떠한 문제점이 있고, 제안하는 정책이 왜 필요하며, 누구를 위한 변화인지 명확히 해야 한다.

변화를 바란다는 것은 정책의 필요성에 대한 입증 책임을 안고 있다는 말이다. 따라서 찬성 측이 변화의 당위성을 논리적으로 증명하지 못하면 논제가 성립되지 않는다. 정책의 필요성을 확립하기 위해서 찬성 측은 제시한 문제가 과거부터 현재까지 지속해온 문제이며, 사회 전체에 부정적인 영향을 끼친다는 것을 주장할 수 있어야 한다.

이에 반대 측은 찬성 측이 제시한 문제가 일시적이며 사회를 위협하는 결과를 초래하지 않는다고 주장할 수 있다.

실현 가능성(Practicality): 실현 가능한 정책인가?

변화에 대한 정책의 필요성을 입증했다면, 다음으로는 해결 방안과 현실에서의 실행 가능성을 증명해야 한다. 어느 기관에서 정책을 시행할 것인지, 정책을 시행하는 데 필요한 자원이 있는지, 왜 그 기관이 정책을 시행할 적절한 기관인지를 설명하고, 동시에 제시한 문제와 해결 방안 간의 괴리가 없는지 점검이 필요하다. 제시한 문제와 관련 없는 정책을 제안하는 실수가 빈번하게 일어나기 때문이다.

반면, 반대 측은 찬성 측에서 제시한 정책의 주체가 정책을 실행하기에 적절치 않으며, 제시된 정책이 문제를 해결하지 못한다고 주장할 수 있다.

편익(Benefit) 또는 비용(Cost):
이 정책은 어떤 편익을 주는가?

정책을 도입해야 하는 정당성과 실현 가능성을 입증한 후에는 본격적으로 해당 정책을 통해 얻을 수 있는 이익을 제시해야 한다. 정책을 통해 어떠한 편익이 창출되는지, 누가 혜택을 받는지 등을 구체적으로 입증하고, 변화로 인한 비용보다 편익이 많다는 것을 면밀하게 비교해 설득해야 한다.

이에 반대 측은 정책을 도입할 때 얻게 되는 사회적 이익보다 불이익이 더 많다고 주장할 수 있다.

NPB 분석법을 정리하면 다음의 표와 같다. 토론자는 각각에 해당하는 질문을 통해 정책 토론의 주요 쟁점별로 논제에 접근할 수 있다.

정책을 제안하는 측(찬성 측)	
필요성	현재 상황의 문제점은 무엇인가? 정책이 필요한 이유는 무엇인가? 정책은 누구를 대상으로 하는가?
실현 가능성	어느 기관에서 정책을 담당할 것인가? 그 기관이 정책을 실행할 의향이 있는가? 정책을 실행하는 데 필요한 자원이 있는가? 다른 주체에 비해 해당 기관이 왜 적절한가?
편익	정책의 수혜자는 누구인가? 정책의 도입이 왜 중요한가? 어떤 이득이 있는가? 정책의 비용보다 편익이 더 큰가?

제안된 정책에 반대하는 측(반대 측)	
필요성	정부의 개입이 필요 없는 이유는 무엇인가? (또는 필요성을 인정할 경우 대안 제시)
실현 가능성	찬성 측에서 제시한 기관이 부적절한 이유는 무엇인가? 찬성 측 실행 방안이 비현실적인 이유는 무엇인가? 정책을 실행하는 데 필요한 자원이 있는가?
비용	정책의 피해자는 누구인가? 정책을 시행하지 못하도록 하는 것이 왜 중요한가? 어떤 손실이 있는가? 정책의 편익보다 비용이 더 큰가?

　　찬성 측과 달리 정책 토론에서 반대 측은 2가지 전략적 선택지가 있다. 하나는 찬성 측이 제시한 필요성을 부정하며 정책의 도입을 반대하는 것이고, 다른 하나는 그 필요성을 인정하면서 더 나은 대안을 제시하는 것이다.

선택지 1: 필요성을 부정하며 정책의 도입 반대하기

찬성 측이 제시한 현 상황과 문제에 대한 인식을 부정하는 전략이다. 찬성 측이 제시한 문제는 지속되거나 심각한 문제가 아니므로 정부의 개입이 필요 없다고 주장하는 것이다. 더불어 정책의 시행이 현실적으로 가능하지 않다고 논박하거나, 시행이 가능할지라도 정책의 주체가 부적절하다고 지적할 수 있다.

다음으로 찬성 측이 주장하는 정책의 편익을 부정하면서 사회적 비용이 더 크다는 점을 입증할 수 있어야 한다. 이 선택지를 선택한다면, 반대 측은 찬성 측이 주장한 모든 것을 반증하는 데 중점을 두고 토론을 풀어나가야 한다.

- 문제 인식 부정 → 문제에 대한 정부의 개입 필요 없음
- 실현 가능성 부정
- 정책의 편익 〈 사회경제적 비용

선택지 2: 필요성을 인정하되, 더 나은 대안 제시하기

상대방이 제시한 문제의식에 동의하는 전략으로, 반대 측은 찬성 측과 동등한 입증 책임을 안게 된다. 토론의 주요 쟁점은 정책 도입의 필요성이 아닌 양측에서 제시한 각 정책의 실행 가능성과 비용편익으로 형성된다. 따라서 반대 측은 자신의 대안이 찬성 측이 제안한 정책과 비교했을 때, 왜 그리고 어떻게 해당 문제를 더 효과적으로 해결할 수 있는지 논리적으로 비교해

입증할 수 있어야 한다. 여기서 주의해야 할 점은 반대 측은 찬성 측의 정책과 완전히 다른 해결 방안을 제시해야 한다는 것이다. 찬성 측의 기존 정책에 몇 가지 제도적 장치를 더한 것은 인정되지 않는다. 이 경우 사실상 같은 주장을 하는 것과 다름없기 때문이다. 따라서 새로운 해결 방안은 찬성 측의 정책과 구분해 단독으로 시행될 수 있어야 한다.

예를 들어 '비만 아동·청소년에게 체중 감량 캠프 참여를 의무화해야 한다'라는 주제의 토론에서 반대 측은 아동·청소년의 비만 문제가 심각하다는 것을 인정하지만, 캠프 의무화 제도보다는 비만을 유발하는 제품에 추가로 세금을 부과하는 '비만세'를 도입하는 것이 문제 해결에 더 효과적이라고 주장하는 것이 그렇다.

- 문제 인식 수용 → 더 나은 대안 제시
- 대안의 실현 가능성 주장
- 대안의 편익 주장

NPB 분석 방법은 정책 토론에서 필수 쟁점을 전략적으로 분석하는 데 도움을 준다. 3W 분석법으로 토론의 전체적인 맥락을 파악한 후에 활용하면 입론을 탄탄하게 세울 수 있다. 앞으로 정책 토론에 참여할 때는 필요성(Need), 실현 가능성(Practicality), 편익(Benefit)의 기준에서 생각해보자. 정책의 면면을 보다 심층적으로 분석할 수 있을 것이다.

07 | 문제를 뽀족하게 만들기, 5Q 분석법

5Q 분석법은 5개의 질문을 통해 논제를 분석하는 방법으로, 논제를 분석할 때 쉽게 놓칠 수 있는 부분까지 생각하도록 도와준다. 특히 현상이 아닌 진짜 문제를 찾는 데 유용하다.

① 문제(Problem): 논제와 관련해 현재 어떤 문제가 일어나고 있는가?

② 원인(Cause): 문제의 원인은 무엇인가? 무엇을 해결해야 하는가?

③ 목표(Goal): 토론을 통해 궁극적으로 이루고 싶은 목표는 무엇인가? 문제를 해결하면 사회는 어떻게 달라지는가?

④ 해결책(Solution): 문제를 해결하기 위한 방안은 무엇인가?

⑤ 효과(Effect): 이러한 해결 방안이 이해관계자에게 미치는 영향이 무엇인가? 이를 관통하는 중요한 가치나 원칙은 무엇인가?

Step 1: 모든 토론은 문제에서 시작된다

모든 토론의 논제는 문제 찾기에서 시작된다. 논제를 받으면 이와 관련해 현재 상황에서 어떤 문제가 있는지 자문해봐야 한다. 엄밀히 말해 우리는 논제 자체에 관해 토론하기보다는 논제가 내포하는 문제에 관해 토론하는 것이기 때문이다. 문제는 그 자체로 문제가 되기보다는 해당 사안과 관련된 사람과 집단에 부정적인 영향을 미칠 때야 비로소 문제로 인식되고 성립된다.

'상장기업의 이사진 여성 할당제 도입을 제안한다'라는 주제로 토론을 한다고 해보자. 논제와 관련된 문제는 무엇일까? 검색을 통해 관련 기사나 통계를 찾지 않더라도, "사내에서 여성 리더를 거의 찾아볼 수 없고, 여성이 승진하는 데 큰 어려움이 있다"라고 문제를 인식할 수 있다. 자료를 찾을 수 있다면, '상장법인 임원 100명 중 4명만 여성*인 현실을 강조할 수도 있다. 즉흥 토론에 임할 때는 시간과 정보가 제한되기 때문에 이 질문을 통해 문제를 추론할 수 있으며, 사전에 주제를 미리 공표하는 준비 토론일 경우 더욱 심층적인 자료조사를 통해 어떠한 문제가 있는지 세밀하게 파악할 수 있다.

Step 2: 문제에서 더 나아가 원인을 찾자

팀원 간의 논의를 통해 혹은 자료조사를 통해 문제를 인식했다면, 그다음으로는 문제의 원인을 파악해야 한다. 즉, 문제를 파고드는 것이다. 우리가 마주치는 문제는 대개 여러 상황, 사람들과 복잡하게 얽혀 있어 하나의 문제에도 다양한 원인이 존재한다. 따라서 문제의 원인을 밝히는 과정에서 하나가 아닌 여러 개의 원인을 찾게 될 것이다. 이때 문제를 선별하는 능력이 필요하다. 파악한 원인들에서 나름의 우선순위를 매기고, 현실에서 가장 효과적으로 대처 가능한 주요 원인을 찾을 수 있어야 한다.

'상장기업의 이사진 여성 할당제 도입'을 해야 하는 이유로 '사내 여성 리더의 부재'를 문제로 파악했다고 치자. 이는 아직

---

* 〈여전한 국내 기업 '유리천장' … 임원 100명 중 4명만 여성〉(중앙일보, 2019년 10월 16일자), https://news.joins.com/article/23605607

은 조악한 문제 정의, 즉 현상일 뿐이다. 우리는 더 나아가 파악한 문제를 뒷받침해줄 원인을 찾아야 한다. 이에 대한 원인을 나열해보면 다음과 같다.

- 남성 중심의 조직 문화
- 여성 리더에 대한 편견으로 인한 기회의 부재
- 여성 위주의 육아 부담으로 인한 경력 단절과 관련 제도의 미비

이 중 문제를 야기하는 주요 원인이면서, 현실에서 해결 가능한 문제를 찾아야 설득력 있는 입론안을 만들 수 있다. 물론 모든 원인을 하나하나 짚어보고 연구를 통해 대안을 모색하는 것이 가장 이상적이지만, 자원과 시간이 한정된 현실에서 모든 사안에 대해 이러한 과정을 거치는 것은 불가능할 뿐만 아니라 비효율적이다.

토론자는 연구자가 아니라 청중을 설득하고 협의를 통해 최선의 대안을 모색하는 사람이라는 것을 기억하자. 그리고 설득은 문제를 뾰족하게 가다듬는 데서 출발함을 잊지 말아야 한다.

Step 3: 문제를 해결하면 어떤 세상이 펼쳐질지 그려보자

주요 원인을 파악했다면 우리 측 입장의 목표를 명확히 하는

과정이 필요하다. 정책을 통해 궁극적으로 이루고자 하는 목표가 무엇인지, 우리 측이 원하는 이상적인 상황이 무엇인지 질문해보자. 목표를 설정하는 것은 2가지 측면에서 중요한데, 하나는 토론에서 무엇을 강조해야 하는지 정확히 알 수 있고, 다른 하나는 청중이 결과에 대해 판단하도록 기준을 제시해준다는 점이다. 기준이 있으면 토론의 논점이 이상한 곳으로 새도 다시 주요 논점으로 빠르게 돌아올 수 있다.

예를 들어, 여성 이사 할당제를 찬성하는 측은 '성차별 없는 조직 문화, 부서장 직위에 다수의 여성이 있는 상태' 또는 '성별에 구애받지 않고 경력 단절 없이 자신의 커리어를 성장시킬 수 있는 환경' 등을 목표로 설정할 수 있다. 이렇게 목표를 설정해주기만 해도 여성 할당제가 사내 성별 격차를 해소하는 데 어떻게 도움이 되는지 평가 기준을 확립할 수 있다.

여기까지 잘 해냈다면 논제 분석의 대부분은 거의 마친 셈이다. 문제와 목표를 가다듬는 과정을 통해 해결책과 논거가 함께 구체화되기 때문이다.

Step 4: 목표를 달성할 수 있는 해결 방안을 제시하자

문제의 원인을 파악하고 목표를 정했다면 이제 해결책을 생각해보자. 이 단계는 주로 '어떻게'에 관한 것으로 다양한 해결 방안 중 하나를 정해 구체적으로 만드는 과정이다. 해결 방안을 구상하는 데 있어 전문가 수준은 아닐지라도 누가(Who), 언제 (When), 어디서(Where), 무엇을(What), 어떻게(How)라는 요소를 사용해 정책을 분석하고 설명할 수 있다.

앞서 살펴본 논제에서 '이사진 여성 할당제'라는 정책이 이미 논제 안에 포함되어 있지만, 여기에 그치지 않고 우리는 이 정책을 구체화할 수 있어야 한다. 그리고 어떻게 정책을 구체화하느냐에 따라 정책의 효과와 우리 측의 설득력이 달라진다. 같은 문제를 두고 국회의원이 각기 다른 법안을 발의하는 것을 생각하면 이해하기 쉬울 것이다.

Step 5: 제안된 해결 방안이 도입되었을 때 어떤 득실이 있는지 생각해보자

마지막으로, 우리 측의 입장을 설득하기 위해 토론에서 사용할 논거를 구체화하는 단계가 남았다. 해결책이 도입되었을 때 우리 사회에는 어떠한 변화가 있을지, 이해관계자의 삶은 어떻게 변할지, 그리고 우리 측 입장이 내포하는 중요한 가치나 원칙을 지켜낼 수 있는지 질문해보는 것이다.

득실이라고 하면 경제적인 득실 등 실질적 영향이 있는 것들만 떠올리곤 하는데, 옹호하는 가치나 원칙이 지켜지거나 훼손될 때 얻는 득실을 따져보는 것도 매우 중요하다. 세상에는 준거로 활용되는 다양한 가치나 원칙이 있는데, 이는 특정 상황에서 어떻게 행동해야 하는지를 설득하는 우선순위를 정하는 기준으로 활용된다. 표현의 자유를 우선시하는 맥락이나 사회가 있고, 사회적 안정을 최상위 가치로 여기는 맥락이나 사회가 있는 것처럼 말이다.

'이사진 여성 할당제' 토론에서 찬성 측은 "기존에 제대로 활용되지 않고 있던 우수한 여성 인력을 통해 기업의 경쟁력을 높일 수 있다"라고 주장함과 동시에 "노동 시장에서 나타나는 남녀 차별을 바로잡기 위해서는 할당제라는 분배 방식의 정의가 필요하다"라는 식으로 논거를 구성할 수 있다.

5Q 분석 방법의 핵심은 '진짜 문제 찾기', 즉 문제의 원인을 찾는 데 있다. 피상적으로 문제를 정의하고 해결 방안을 제시하는 것을 넘어 토론자는 '문제'를 뾰족하게 가다듬어 '문제점'으로 만들고, 이에 대한 해결 방안과 이를 도입해야 하는 논리적 근거를 제시해야 한다.

5Q 분석 방법을 적용할 때는 이전 소개한 방법들과 마찬가지로, 처음에는 팀원 간의 논의, 자신의 고유한 사고 과정을 통해 논리의 틀을 구축하는 습관을 들여야 한다.

우리는 정보의 홍수 속에 살고 있고 종종 그 안에서 허우적거린다. 정보는 언제나 검색할 수 있다고 생각하고, 우선 논리의 틀을 구축해보자. 그래야 방대한 정보의 숲속에서 길을 잃지 않을 것이다. 논리의 틀을 갖추고 자료를 찾아야 논리를 뒷받침하

는 가설을 더욱 효율적으로 검증할 수 있다. 그러니 자신의 능력
을 믿고 논제를 분석해보자.

세상의 모든 토론 주제를 분석하는
3가지 렌즈

　세상에는 무수한 이슈가 존재하고 언론 매체에서도 매일 수천, 수만 개의 정보가 쏟아져 나온다. 개인이 감당할 수 없는 엄청난 정보량이다. 다행인 건 이 무수한 정보 혹은 이슈들이 일종의 패턴을 띠고 있다는 점이다. 따라서 패턴을 이해하면 복잡해 보이는 이슈를 더욱더 쉽게 이해할 수 있다. 이를 위해서는 비슷한 양상의 정보를 묶어 패턴을 찾고 단순화하는 작업이 필요하다. 한정된 시간과 자원 안에서 최적의 아이디어나 대안을 찾아야 하는 모든 사람에게 유용한 작업이다.

　토론의 패턴은 크게 3가지 유형으로 나눌 수 있다. 맞교환 토론, 상충 토론, 판박이 토론이다.

먼저 맞교환 토론은 서로 대립하는 측이 옹호하는 가치가 모두 긍정적임에도 불구하고, 어느 하나를 선택할 수밖에 없는 토론이다. '맞교환'이라는 용어에서 짐작할 수 있듯 가치 A와 가치 B가 모두 바람직하고 사회적으로 유익한 것일지라도, 하나의 가치가 증대하면 반대편에 있는 가치는 감소하는 상황을 뜻한다.

이를테면, 원하는 물건이 2개 있을 때 하나를 선택하면 다른 하나를 포기해야 하는 것과 같다. 자유롭게 쓸 수 있는 1시간이 주어졌다고 가정해보자. 휴식도 취하고 싶고 독서도 하고 싶다. 둘 다 나에게 긍정적인 효용을 가져다준다. 문제는 휴식과 독서에 1시간씩을 쓰고 싶지만 그럴 수 없다는 것이다. 이때 독서에 시간을 더 쓰기로 선택한다면 휴식이 주는 효용은 그만큼 감소하게 되는 원리이다.

이를 국정 운영에 적용해보자. 정책 결정 과정에서 더 많은 사람의 의견을 반영하고 국가 기관의 견제와 균형을 이루는 것은 중요한 일이다. 동시에 그 정책이 빨리 시행되어 많은 시민이 적시에 혜택을 볼 수 있도록 실행하는 것도 중요하다. 국정 운영의 목적은 국가에 필요한 정책을 정하고 실현하는데 있으므로 정부의 책무성(Accountability)과 효율성(Efficiency)

주어진 시간은 딱 1시간

은 모두 중요한 가치이고, 그 가치가 커질수록 좋다. 그런데 현실 정치에서는 의사 결정 과정에 더 많은 사람을 포함시켜 책무를 강화하면 반대로 정책을 실행하는 데 걸리는 시간은 더 길어질 수밖에 없다. 다시 말하면, 정부의 책무성을 강화하면 필연적으로 정부의 효율성은 약화될 수밖에 없다는 의미이다.

　예를 들어, 코로나19 사태로 인해 많은 사람이 피해를 보는 가운데 전 국민 재난기본소득을 시행하는 데 있어 이 예산을 어떻게 쓸 것인지, 예산을 집행하는 게 맞는지 따져보는 과정을 강조할수록 적시에 국민이 혜택을 받지 못할 가능성이 커지는 것과 같다.

국정 운영

책무성

효율성

　이는 정치뿐만 아니라 경제 분야에도 적용된다. 경제 개발과 환경 보호라는 가치를 보자. 독립적으로 볼 때 모두 우리가 지향해야 할 가치이다. 그러나 경제 개발은 일종의 환경 파괴를 수반한다. 경제 개발이라는 가치에 중점을 두면 환경 보호라는 가치는 그만큼 훼손될 수밖에 없는 상황이 발생하는 것이다.

　• 예시 가치: 정부 책무성 VS 정부 효율성 / 경제 개발 VS 환경 보호
　• 예시 주제: 대통령제 VS 책임총리제 또는 의원내각제 / 그린벨트 해제

이러한 원리를 아느냐 모르느냐는 토론하는 데 있어 큰 차이를 만든다. 원리를 모르는 사람은 '대통령제 폐지'에 대한 토론에서 상대방이 주장하는 가치를 반박해야 할 적대적인 가치로만 여기고 토론에 임할 것이다. 반면, 맞교환 토론을 이해한 사람은 상대측의 핵심 가치를 무작정 부정하기보다는 2개의 좋은 가치 중 왜 자신의 가치를 우선시해야 하는지 맥락을 강조할 것이다. 전자가 공격 중심의 토론을 한다면 후자는 더 전략적이고 설득력 있는 토론을 한다고 볼 수 있다.

맞교환 토론을 정리하면 이렇다. 맞교환 토론에서는 상대방이 옹호하는 가치를 부정적인 것으로 보지 않는다. 다만 현실적인 제약을 인정하고 특정 상황에서 왜 우리 입장의 가치가 더 좋은지를 차근차근 풀어내야 한다. 현재 상황에서 가치 간 불균형으로 여러 부작용이 나타나므로 올바른 균형점을 찾는 데 중점을 두고 설득하는 것이다.

다음으로 상충 토론을 살펴보자. 동일하게 중요한 가치 중에서 선택을 해야 하는 맞교환 토론과 달리, 상충 토론은 서로 양립할 수 없는 가치에 관한 토론이다. 즉, 가치 간 최적의 균형을 찾기보다는 상대방의 가치를 거부하고 그것이 그르다는 것을 증명해야 한다. 낙태 합법화에 대해 입장을 달리하는 종교계 입장과 낙태죄 폐지를 주장하는 활동가들 간의 견해 차이를 떠올리면 보다 이해하기 쉽다.

- 예시 가치: 큰 정부 VS 작은 정부 / 칸트주의(의무론) VS 공리주의(목적론)
- 예시 주제: 윤리적 딜레마 / 낙태죄 폐지 / 공공기관 민영화 / 채식주의

다음과 같은 시나리오를 상상해보자. 당신은 미 중앙정보국(CIA)의 책임자이다. 수년 동안 정보 수집을 통해 최근 테러리스트 용의자를 체포했다. 내부 분석에 따르면, 이 용의자는 앞으로 있을 테러 계획의 중요한 정보를 가지고 있는 것으로 파악되었다. 다음 날 테러리스트 그룹은 이틀 뒤 대규모 테러 계획을 실행에 옮길 것이라고 발표했다. 그들의 행위를 막을 수 있는 유일한 방법은 체포된 테러리스트에게 그 계획에 대한 정보를 자백하도록 하는 것이다. 하지만 테러리스트는 절대 입을 열지 않는다. 할 수 있는 방법은 모두 시도해보았고, 이제 남은 방법은 그와 그의 가족을 고문하는 일뿐이다.

이런 상황에서 당신은 어떻게 할 것인가? 무고한 사람을 살리기 위해서 테러리스트 한 명을 고문하는 일이 정당하다

고 생각할 수도 있다. 아니면 어떤 상황에서도 인간의 존엄을 훼손하는 행위는 하지 말아야 한다고 주장할 수도 있다. 이때 양측의 가치는 양립할 수 없고 상충한다. 이것은 둘 중 하나의 가치를 옹호하면 자연히 다른 가치를 배척하게 된다는 의미이다. 순수하게 논리적으로 따진다면, 인간의 존엄성을 지켜야 한다는 입장에 있는 사람은 어떠한 경우에도 다른 사람의 존엄을 훼손하지 말아야 한다. 그게 단 한 명일지라도 말이다. 그래야 논리적 일관성을 유지할 수 있다.

최근 이슈가 되고 있는 '동성 결혼 합법화'도 상충 토론에 속한다. 결혼은 여성과 남성 간의 결합이어야 한다는 측과 성별 구분 없이 결혼의 권리를 보장받아야 한다는 측은 특수한 경우를 제외하고는 서로 타협하지 못한다. 각 입장의 기저를 이루는 가치가 서로 대립하고 있기 때문이다.

상충 토론에 접근할 때도 이러한 특성을 반영해야 한다. 해당 이슈를 둘러싼 2개의 혹은 그 이상의 가치를 파악하고 왜 그 가치가 옳지 않은지, 해로운 가치인지 증명하는 데 중점을 두어야 한다. 즉, 상대방의 가치를 반론하는 데 온 힘을 쏟아야 한다.

마지막으로 판박이 토론은 표면적으로 다른 이슈와 문제

를 다루고 있는 것처럼 보이지만 입증 책임과 주요 쟁점이 반복되는 토론이다. 판박이 토론은 특히 정책 토론 주제 유형에서 많이 볼 수 있는데, '…를 합법화할 것이다', '…를 처벌 대상에서 제외시킬 것이다', '…를 금지할 것이다'로 제시되는 주제에 자주 나타나는 토론 패턴이다. 이와 같은 패턴의 토론 쟁점을 미리 정리해놓으면 유사한 토론에 바로 적용할 수 있을 것이다.

- 예시 선택지: 합법화 – 기소 제외 – 금지
- 예시 주제: 장기매매 합법화 / 스포츠 도박 합법화 / 전자담배 금지

다음의 주제를 보자.

- 식용 개 도살을 금지할 것이다.
- 미용을 목적으로 한 다이어트 제품의 광고 금지를 제안한다.
- 유명인 자살에 대한 대중매체 보도를 금지할 것이다.
- 미성년자의 성형수술을 금지할 것이다.

순서대로 동물권, 건강과 사회, 미디어, 청소년에 관한 토론인 것을 알 수 있다. 분야와 이슈가 다른 만큼 각각의 배경지식이 필요한 것으로 보이지만, 토론의 방향을 잡는 데 이러한 배경지식을 꼭 알아야 할 필요는 없다. 위 주제를 관통하는 핵심 쟁점이 비슷하게 나타나기 때문이다.

첫 번째 쟁점은 금지하려는 대상의 유해성 여부이고, 다음은 금지했을 때 일어날 수 있는 부작용(예: 암시장 등)과 대처방안에 대한 논의와 특정 대상을 합법화하거나 불법화하는 기준에 대한 논의가 주요 쟁점으로 나타날 것이다. 이렇게 보면 각각의 주제가 다른 이슈를 다루고 있지만, 토론에서 증명해야 하는 내용과 전개될 흐름은 충분히 예상할 수 있다.

이 외에도 돈과 가치를 비교하는 시장 사회에 대한 찬반 토론에서 이러한 토론 유형이 나타난다. 《돈으로 살 수 없는 것들》에서 저자 마이클 샌델은 다음과 같은 사례를 제시하는데, 수많은 토론 주제에서 반복되어 나오는 이슈로 각각의 상황과 쟁점에 대해서 고민해볼 것을 권한다.

- 죄수들이 하루에 82달러를 내면 교도소 내 감방을 업그레이드할 수 있는 감옥
- 이마에 광고 문신을 새기는 대가로 777달러를 받을 수

있음

- 용병으로 아프가니스탄 전투에 참가하면 1,000달러를 더 받을 수 있음
- 미국의 한 주에서는 '나 홀로 운전자'라도 돈을 내면 2명 이상 탑승 차량을 위한 '전용 차선'을 이용할 수 있음
- 50만 달러로 미국에 이민을 갈 수 있는 권리를 살 수 있음
- 15만 달러를 내면 남아프리카 공화국에서 멸종 위기에 놓인 검은코뿔소를 사냥할 권리를 줌
- 6,250달러를 내면 인도인 여성의 대리모 서비스를 받을 수 있음

모두 시장과 도덕적 가치에 관한 이슈로, 현대 사회에서 무엇이 가치를 결정하고 어떤 영역에서 가치를 교환할 수 있는지에 관한 토론이다. 시장에서 재화로 상품을 거래하는 기준은 무엇인지, 정부가 규제해야 할 선이 존재하는지, 존재한다면 그 이유가 무엇인지에 대한 이슈가 반복된다.

마이클 샌델은 "우리는 시장가치가 인간 활동의 모든 영역으로 스며들어 간 일종의 '생활 방식'이 되어버린 '시장 사회

(Market Society)'에 살고 있다"라고 진단한다.[*] 이러한 변화에 따라 어디까지 시장경제 원리로 가치를 매기는 것을 허용해야 하느냐에 대한 토론이 활발하게 이뤄지고 있으며, 토론자라면 지금까지의 관련 논의를 충분히 숙지하고 있어야 토론을 잘 풀어나갈 수 있다.

지금까지 우리는 복잡한 세상을 단순화해 바라볼 수 있는 3가지 렌즈를 살펴보았다. 특정 상황에서 일부는 포기하면서 최적의 대안을 찾아야 하는 렌즈, 세상에는 옳은 것과 옳지 않은 것이 정해져 있다고 믿으며 그에 따라 흑과 백으로 사회를 보는 렌즈, 세상이 어떻게 바뀌든 간에 동일하게 반복되는 쟁점을 파악하는 렌즈가 바로 그것이다.

토론에서는 논리를 넘어 토론을 바라보는 관점이 중요하다. 이 3가지 렌즈는 그러한 관점을 키우는 데 도움을 주며, 각각의 렌즈를 능숙하게 사용할 수 있을 때 우리는 올바른 방향성을 갖고 토론할 수 있다.

---

[*] 마이클 샌델 저, 안기순 역, 《돈으로 살 수 없는 것들》(와이즈베리, 2012), 29쪽.

나의 문제에서 우리의 문제로
설득하는 방법

세상에는 수많은 문제가 있다. 인터넷 포털사이트에 접속하거나 뉴스 채널을 보기만 해도 우리의 관심을 끌려고 하는 문제를 마주하게 된다. 아니, 스쳐 지나간다고 하는 것이 더 정확한 표현일 것이다.

우리는 하루 동안 직간접적으로 마주하는 문제 중 대부분을 잊어버린다. 생각해보자. 출근길에 포털사이트에서 보거나 팟캐스트를 통해 들었던 문제, 혹은 개인적으로 겪은 불편함을 몇 시간 후에도 기억하고 있는가? 매일 마주하는 현상에 대해 얼마나 문제의식을 느끼고 있는가? 아마 자신이 관심 있는 분야를 제외하고는 다른 분야의 문제가 심각한 문제라고 느끼기도 힘들 것이다.

토론자로서 우리는 이러한 한계를 인지하고 그에 맞는 전략을 세워야 한다. 문제의 주요 원인을 잘 찾아냈다고 해도 상대방이 그 문제를 문제로 인식하지 않으면 상대방을 설득할 수 없기 때문이다. '문제가 있다는 것'을 설득하는 데는 문제를 묘사하는 방식에 변화를 줌으로써 심각성을 높이는 것이 필요하다. 그 방법을 하나씩 알아보자.

단순화하기

•

문제나 문제의 분석 과정이 얼마나 복잡한지는 중요하지 않다. 문제를 묘사할 때는 최대한 단순화해 전달해야 사람들이 말에 집중하기 시작한다. 그 문제를 처음 접하는 사람들도 쉽게 이해할 수 있도록 논리와 내용, 어휘를 단순화해야 한다. 그렇지 않으면 대부분의 사람은 듣기를 포기할 것이다.

예를 들면, 지난해 유실된 산림 면적이 2천 940만 헥타르라고 문제를 설명하는 것보다는 1초마다 축구 경기장 하나 면적의 산림이 사라지고 있다거나, 1개월마다 서울시와 같은 면적의 산림이 유실되고 있다고 묘사하는 것이다.

시각적으로 보여주기

•

사람들은 직접 보지 않으면 문제라고 인식하지 않는 경향이 있다. 전 세계에서 아직도 참혹한 전쟁이 일어나고 있지만 대부분 이에 대해 큰 문제의식을 느끼지 않고 살아간다. 그건 우리가 냉혈한이어서가 아니라, 내 앞에서 벌어진 일이 아니라서, 또는 전쟁의 참혹한 실상을 볼 기회가 없어서이다. 이러한 이유로 문제를 묘사할 때는 청중의 머릿속에 그림이 그려지도록 가능한 한 구체적으로 묘사해주는 것이 효과적이다. 그래야 어느 정도 그 문제가 와닿을 것이다. 동시에 시각 자료의 사용이 허용된다면 청중이 직접 볼 수 있도록 관련 사진 등을 준비하는 것도 도움이 된다.

문제의 악화 추세 보여주기

•

처음에 문제를 제기하면 대부분 사람들은 별 관심을 갖지 않는다. 그런데 사소하게 시작된 문제일지라도 그 문제가 계속해서 악화하고 있다는 것을 보여주면 문제의 심각성을 깨닫기 시작한다. 예를 들어, 지구 온난화의 심각성을 알려야 한다면 현재의 심각성만 강조하는 것보다는 지난 10년 동안 한반도의 기온이 계속 상승했다는 추세를 자료로 보여주는 것이다.

많은 경제적 손실을 일으키는 문제 예로 들기

•

우리는 많은 것의 가치를 경제적 가치로 환산해 판단하는 사회에 살고 있다. 개인적으로는 연봉부터 빈곤이 초래하는 한 나라의 경제적 손실 등 모든 분야에 걸쳐 비용과 편익을 수치화한다. 이러한 기준에 의거해 어떤 문제가 엄청난 경제적 비용을 초래한다고 강조하면 사람들은 그 문제에 더 집중하게 된다. 경제 논리에 따라 경제적 손실이 크다는 것은 심각한 문제이며, 더 큰 경제적 손실이 있기 전에 해결해야 할 긴급한 문제라고 인식하기 때문이다.

예를 들어, 양성평등과 관련하여 큰 문제가 있다고 설득하기 위해 '여성의 사회 참여와 능력 발현이 제한되는 현 상황으로 인해 매년 6조 달러(2019년 기준 약 7000조 원) 혹은 전 세계 국민 소득의 7.5%에 달하는 경제 손실이 발생하고 있다'[*]

---

[*] OECD(2019), "The complexity of discriminatory social institutions for sustainable and inclusive growth", in SIGI 2019 Global Report: Transforming Challenges into Opportunities, OECD Publishing, Paris. https://doi.

라고 성차별 문제를 묘사하는 것이다. 참고로 이는 세계 3위 경제국 일본의 GDP를 훨씬 뛰어넘는 수치이다.

짧은 시간 안에 해결 가능한 문제임을 입증하기

•

사람들은 하나의 이슈에 오랫동안 집중하지 못한다. 일각에서는 이를 언론 탓으로 돌리기도 하지만, 인간은 본래 단기적이고 결과가 빨리 나오는 것을 선호한다. 그래야 우리 뇌 속에서 보상 체계가 활성화되기 때문이다. 따라서 문제를 묘사할 때는 가능한 장·단기적 영향을 균형 있게 다뤄야 하고, 문제를 단시간에 해결할 수 있다는 점을 보여줘야 한다. 물론 모든 문제를 이런 식으로 묘사할 수는 없다. 그럴 때는 문제를 더 세밀하게 쪼개서 분석하면 단기적 효과를 강조할 수 있다.

마지막으로, 토론자는 문제를 묘사할 때 진정성 있게 전달해야 한다. 시급하게 해결해야 할 심각한 문제임을 설득해야

org/10.1787/23374bd0-en

하는데, 논리적이지만 딱딱한 어조로 내용을 전달하면 누구도 그 문제에 공감하지 않을 것이다. 문제를 정의하는 것이 토론자의 첫 번째 관문이라면, 문제가 있음을 믿게 만드는 것이 다음 관문이다. 토론 경기에서건 현실 세계에서건 우리는 이 관문을 수없이 넘어야 한다. 그리고 능숙하게 관문들을 넘을 때야 비로소 유능한 토론자로 성장할 수 있다.

Chapter 5

**일단 계속
토론해보겠습니다**

실리와 명분을 모두 챙기는
논리 구성하기

논제를 분석하고 말할 내용을 정리한 후 스피치를 연습하는 것은 토론에서 꼭 필요한 과정이다. 그러나 논거를 구상하고 난 후에 거쳐야 할 단계가 아직 하나 더 남아 있다. 바로 생각해낸 논거들을 청중이 이해하기 쉬운 방식으로 배열하는 것이다. 아무리 좋은 논거라도 제시되는 논거 순서에 따라 전달력과 설득력이 달라진다. 각 논거는 나름의 분류 기준에 따라 독립적으로 구성되어 있지만, 이 논거들이 모여 나의 입장과 관점을 뒷받침해주기 때문이다. 즉, 독립적으로 구성된 각 논거는 논리의 틀 안에서 유기적으로 얽혀 있다는 의미이다.

논거를 배열하는 방법에는 시간순으로 배열하거나 원인과 결과순으로 배열하는 기본적인 방식부터 거시적인 것에서 미시적인 것으로 내려가는 등 다양한 방법이 있다. 다만 논거가 무엇인지, 논거 간 연관이 있는지에 따라 논리를 구조화하는 방법이 다르므로 하나의 정형화된 모델은 없다. 그러나 필자의 경험으로 미루어볼 때 우리 측의 논리를 더 탄탄하게 만들어주는 논거 배열 방법이 있다. 바로 가치와 효용순으로 논거를 배열하는 방식이다.

우리는 어떤 말이나 행위, 또는 정책에 있어 '명분과 실리'를 따지거나 '명분 대 실리'의 관점으로 접근하는 데 익숙해져 있다. 이를 토론에 적용하면 명분과 실리를 모두 잡을 수 있고, 이는 곧 설득력을 높일 수 있다는 말이 된다.

명분과 실리는 토론에서 각각 가치와 효용으로 나타나는데, 논거의 순서를 정할 때도 가치와 효용순으로 구성하면 전달력과 설득력을 높일 수 있다. 간단히 말해서 앞부분에는 도덕적 우월성을 강조한 논거를, 다음 부분에는 효과나 이익을 다루는 논거를 배치하는 것이다.

토론의 내용은 크게 가치와 효용에 관한 쟁점으로 나뉜다. 전자는 왜 이러한 선택이나 개입(정책의 도입)이 필요한지, 어떠한 가치를 우선해야 하는지에 관한 주장이다. 후자는 이 선택이 어떠한 결과를 초래하는지, 정부가 개입하면 어떠한 효과나 이익(반대 측의 경우 불이익)이 있는지, 실현 가능한지에 관한 주장이다. 논제마다 가치와 효용을 다루는 비중이 다를지언정 두 쟁점은 거의 모든 토론에서 나타난다고 해도 과언이 아니다. 어떠한 선택이나 행위를 할 때는 그로 인한 예상 이익이나 비용을 고려하게 되고, 이것이 사회적으로 이익인지 불이익인지를 결정하는 기준, 즉 가치와 방향성이 존재하기 때문이다. 따라서 중요한 가치를 제시하고 나서 효용에 대한 논거를 제시하면 더 포괄적이면서 심층적으로 나의 입장을 주장할 수 있다.

이러한 배열이 효과적인 또 한 가지 이유는 가치와 효용 모두 사람을 움직이는 데 필수 요소이기 때문이다. 특정 정책의 실행 방안과 긍정적인 효과를 아무리 열심히 설명해도 그 정책이 사회에 어떠한 의미가 있는지, 어떠한 가치를 옹호하는지 설명하지 않는다면 사람은 쉽게 움직이지 않는다. 즉, 토론자로서 '왜'를 설명하는 정당성과 '어떻게'에 대한 편익을 알려줘야 한다. 이러한 관점에서 논거를 배열할 때는 가치에 관한 논거로 시작해서 효용에 관한 논거로 논리를 구성하는 것이 효과적이다.

예를 들어 '대학 교육을 무상으로 제공할 것이다'라는 주제에 대해 찬성 측은 다음과 같이 주장할 수 있다.

- 대학 무상교육은 현재 예산으로 충분히 실행 가능하다.
- 대학 무상교육의 도입은 사회의 계층 이동성을 확대한다.
- 대학 등록금 부담을 완화해줌으로써 청년들이 자립할 수 있도록 도움을 준다.

이와 같이 효용 중심의 논거를 제시해 대학에서 무상교육을 해야 한다고 주장할 수도 있지만, 같은 논리 구성에 가치적인 논거를 더하면 설득력을 높일 수 있다.

- 대학 교육은 소득과 관계없이 모든 국민이 누려야 할 권리이다. → 대학 무상교육을 통해 교육의 기회균등을 실현할 수 있다.
- 대학 무상교육은 현재 예산으로 충분히 실행 가능하다.
- 대학 무상교육의 도입은 사회의 계층 이동성을 확대한다.

첫 번째 논거는 교육의 기회균등에 대한 가치적 논거로, 왜 대학 교육이 중요한지를 평등하게 교육받을 권리와 연결하며 대학 교육을 무상으로 제공해야 하는 당위성을 정립해준다. 다시 말하면, 찬성 측 입장에서 자신의 행동(정책)이 어떤 사회적 가치를 뒷받침하고 있는지 설명함으로써 자신의 행동(정책)의 도덕적 우월성을 확보하려는 시도로 볼 수 있다. 다음으로 두 번째, 세 번째 논거에서는 자신의 행동(정책)이 실현 가능하고, 긍정적 변화를 일으킨다고 증명함으로써 가치와 효용, 양 측면에서 대학 무상교육 도입의 필요성을 설득하고 있다.

하지만 위 예시와 달리 현실에서는 무수한 데이터만을 제시하며 대학 무상교육이 실현 가능하고, 소위 '개천에서 용 난다'라는 식으로 논리가 전개되는 토론을 자주 접한다. 대학 무상교육에 대한 토론뿐만 아니라 최근 이슈가 되는 정책에 관한 토론 역시 그렇다. 그러면 토론이 끝난 후에도 주요 내용이 무엇이었는지, 쟁점이 무엇이었는지 청중은 감을 잡기 어려울 것이다.

앞으로 논리 구조화를 하거나 논거를 배열할 때는 가치와 효용이라는 2가지 항목으로 나눠보자. 명분과 실리를 모두 잡을 수 있는 설득력 있는 논리를 갖추게 될 것이다.

말하기 쉽게 생각을 정리해주는
논리 구조화

4장에서 다양한 생각 도구를 사용해 토론 논제를 분석하고 논거를 구상하는 방법을 알아보았다. 치열하게 논거와 반론이 오가는 토론을 준비하기 위해 논제를 다각도로 분석하고, 토론에서 승리하기 위한 최적의 전략을 찾는 연습도 해보았다. 이러한 방법론을 제대로 숙지하고 활용해서 주제를 분석했다면 여러 가지 아이디어가 떠올랐을 것이다. 하지만 이 아이디어만으로는 상대방이나 청중을 설득할 수 없다. 아직은 파편화된 정보일 뿐이므로 청중이 이해하기 쉬운 방식으로 논리를 구조화하는 작업이 필요하다.

이를테면, 비슷한 것끼리 묶거나 관련이 없는 것은 삭제하는 과정이다. 논제 분석이 밑그림을 그리는 작업이라면, 논리 구조화는 스케치의 어느 영역에 같은 색을 칠할지를 정하는 작업이다.

먼저 논리를 구조화하는 데 있어 다음의 기본 원칙을 기억해 두자. 핵심 메시지를 구성할 때는 각 내용이 서로 관련이 있어야 하며, 서로를 보완해야 하고, 관련이 없는 내용은 서로 떨어트려야 한다.

서로 관련 있는 내용끼리 묶기

핵심 메시지(주장)는 주제와 연관이 있어야 한다는 것은 자명한 사실이다. 이전에 살펴본 PEEL 논증 구조에 비추어보면, 나의 설명과 근거는 나의 요점(주장)과 연관되어야 한다는 말이기도 하다. 다음의 예를 보자.

핵심 메시지: 토의 · 토론 교과목 이수를 졸업 필수 요건으로 지정해야 한다.

하위 메시지 ①
• 토의 · 토론은 수업을 따라가는 데 도움이 된다.
• 토의 · 토론은 취업하는 데 도움이 된다.
• 토의 · 토론은 민주주의 시민의식을 함양한다.

하위 메시지 ②

- 토의·토론 교과목은 타 대학 졸업생과 차별화된 강점을 제공한다.
- 토의·토론 교과목을 필수 요건으로 지정하는 데 많은 자원이 소요되지 않는다.

둘 다 대학에서 '토의·토론 교과목 이수를 졸업 필수 요건으로 지정해야 한다'고 주장하고 있지만, 하위 메시지는 다르다. 하위 메시지 ①은 토의·토론 교과목을 이수하도록 하는 것이 왜 좋은지 설명하고 있다. 그러나 핵심 메시지와 하위 메시지 간에 연관성이 떨어진다. 토의·토론이 취업에 도움이 되는 것은 졸업 필수 요건으로 정해야 하는 하나의 이유는 될 수 있지만, '민주주의 시민의식을 함양한다'는 세부 주장은 졸업 필수 요건으로 정해야 하는 이유와 직접적으로 연관이 있다고 보기 어렵다.

반면 하위 메시지 ②인 '타 대학 졸업생과의 차별점', '토의·토론을 졸업 필수 요건을 지정하는 것이 쉬운 일이다'라는 이유는 왜 토의·토론 교과목이 졸업 필수 요건이 되어야 하는지를 연관성 있게 설명해준다.

이처럼 세부 논거 혹은 하위 메시지들은 증명하고자 하는 핵심 메시지를 유기적으로 뒷받침해야 한다. 즉, 유사한 내용은 유사한 내용끼리 묶어야 하는 것이다.

서로를 보완하는 내용끼리 묶기

핵심 메시지(주장)는 주제와 조화를 이루어야 한다. 즉, 각 주장이 서로를 보완·강화하는 방향으로 구성되어야 한다. 첫 번째 원칙이 하나의 주장 안에서 주제에 벗어나지 않고 관련 있는 내용만을 담아야 한다면, 이 원칙은 주장 간 서로 조화로워야 함을 강조한다.

서로 다른 내용 분리하기

각 주장이 다른 주장과 구분되어야 하는 것을 의미한다. 즉, 같은 내용을 중복하지 말아야 한다는 것이다.

이해를 돕기 위해 어느 대학의 홍보 자료와 토론 예시를 보자.

[예시 1]

핵심 메시지: 인문사회대학은 학생을 위한 우수한 프로그램을 제공합니다.

하위 메시지 ①

• 인문사회대학은 다양한 전공 과정을 제공합니다.
• 인문사회대학은 우수한 해외 교환학생 제도를 운영하고 있습니다.

하위 메시지 ②

• 인문사회대학은 흥미로운 학술 연구 프로그램을 제공합니다.

• 인문사회대학은 다양한 경력 개발 프로그램을 제공합니다.

• 인문사회대학은 우수한 해외 교환학생 제도를 제공합니다.

[예시 2]

핵심 메시지: 제주 제2공항 건설 계획을 중단해야 합니다.

하위 메시지 ①

• (수요) 기존 제주 공항만으로도 미래 항공수요에 대응할 수 있습니다.

• (수요) 미래 항공수요 예측이 잘못되었습니다.

• (수요) 현 제주 공항은 기존 확충을 통해 수용 규모가 확장되었습니다.

하위 메시지 ②

• (필요성) 관제시스템 개선과 인력 확충으로 미래 항공수요에 대응할 수 있습니다.

• (환경) 제2공항 건설은 제주도의 환경과 생태를 파괴합니다.

• (경제) 제2공항 건설로 인한 개발 이익은 소수에게만 돌아가는 반면, 지역 주민의 경제적 피해는 가중됩니다.

[예시1]의 핵심 메시지는 '인문사회대학은 학생을 위한 우수한 프로그램을 제공하고 있다'이다. 이를 뒷받침하기 위해 하위 메시지 ①에서는 다양한 전공 과정과 우수한 교환학생 제도를 운영하고 있다고 주장한다. 그런데 '다양한 전공 과정'은 '해외 교환학생 제도'와 서로 어울리지 못하고, 범위가 너무 포괄적이어서 여러 과정으로 몇 번 더 분리하는 일이 필요해 보인다. 이에 비해 하위 메시지 ②에서는 흥미로운 학술 연구와 다양한 경력 개발 프로그램, 해외 교환학생 제도를 언급해 독립적인 영역을 제시함과 동시에 각각의 메시지가 서로를 보완하고 있다. 두 예시에서 볼 수 있듯, 논리를 구조화할 때 서로 조화를 이루면서도 중복되지 않는 내용으로 항목화하는 것이 효과적이다.

[예시2] 역시 하위 메시지 ①에서는 수요라는 측면에서 같은 주장을 다른 언어로 반복하고 있어 효과적이지 못하다. 오히려 '기존 제주 공항만으로도 미래 항공수요에 대응할 수 있습니다'라는 하나의 논거에서 다른 내용을 더하는 것이 맞을 것이다. 반면 하위 메시지 ②에서는 제2공항 건설 계획 중단에 대한 필요성의 측면, 환경적 측면, 경제적 측면으로 서로 내용이 중복되지 않도록 구성해 더 탄탄한 논리 체계를 갖추고 있음을 확인할 수 있다.

말은 생각에서 시작된다. 생각이 정리되지 않은 채로 말하면 결국 말도 꼬이게 된다. 생각을 구조화하면 전달하려는 말의 의

미도 더 명확하게 전달할 수 있다. **논리를 구조화하는 기본 원칙을 숙지해야 할 이유이다.**

논리를 구조화하는 도구, 로직트리

앞서 배운 논리 구조화 원칙을 반영한 도구가 바로 '로직트리 (Logic Tree)'이다. 논제 분석에서도 이 방법을 사용할 수 있는데, 이름에서 알 수 있듯 나뭇가지를 치는 것처럼 왼쪽부터 오른쪽으로 아이디어를 쪼개면서 구체화하는 방법이다.

로직트리를 사용하면 논제 분석을 통해 나온 아이디어를 다음 그림처럼 분류할 수 있고, 논리가 잘 구성되었는지 한눈에 확인할 수 있다. 4장에서 배운 NPB 분석법을 활용해 구성요소 A에는 필요성, B에는 실현 가능성, C에는 편익, 즉 3가지 항목으로 나누어 로직트리를 구성하면 보다 완전하게 논리를 구축할 수 있을 것이다.

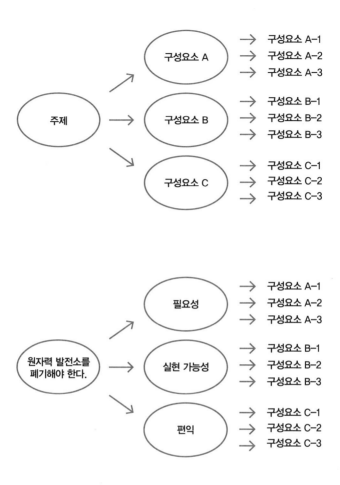

다음은 '셧다운제 폐지'에 관한 토론을 로직트리로 분석해본
것이다.

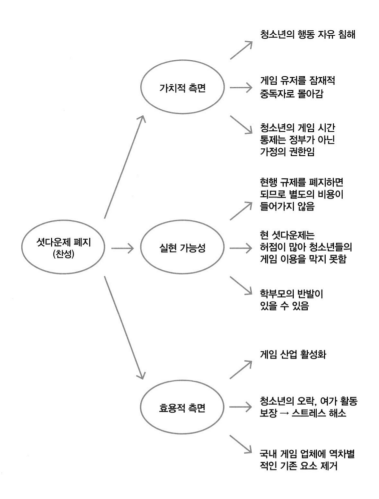

이외에도 전체를 부분으로 나누거나, 결과와 원인으로 나누거나, 유사성의 정도에 따라 로직트리를 작성할 수 있다.

로직트리를 사용할 때는 'MECE(Mutually Exclusive & Collectively

Exhaustive)'라 불리는 규칙을 따르면 된다. 주제와 관련해 각 항목을 '중복과 누락 없이' 작성하는 방식이다. 즉, 주제와 관련된 모든 항목을 넣어보고 동시에 항목끼리 내용이 겹치지 않도록 작성해야 한다. 완벽하게 누락이 없으면서 중복이 없게 하는 것을 목표로 하되, 시간이 촉박할 때는 중복보다는 누락이 없도록 해야 한다. 중요 내용을 반복하는 것보다 그 내용을 빼먹는 것이 논리 구성에 있어 더 치명적인 결함이 되기 때문이다.

자, 앞에 조각으로 자르지 않은 피자 한 판이 놓여 있다고 생각해보자. 이 피자를 모두가 제대로 즐기기 위해서는 어떻게 해야 할까? 아마 대부분은 피자를 사람 수대로, 그리고 입에 넣기 편한 크기로 잘라 먹을 것이다. 논리를 구조화하는 것도 이 상황과 다르지 않다. 그런데 놀랍게도 많은 사람이 어떤 문제나 사안을 대할 때 논리 구조화 과정을 전혀 거치지 않는다. 이는 피자한 판을 자르지 않고 막 먹는 것과 같다.

토론을 잘한다는 것은 단순히 말을 잘한다는 의미가 아니다. 논제를, 문제를, 자기 생각을 분해하고 다시 합치는 과정을 통해 논리를 구조화할 수 있음을 의미한다. 토론을 잘하는 사람은 논제가 주어졌을 때, 일단 아이디어를 모은 후 논리 구조화 과정을 통해 대처 가능한 문제를, 그리고 대안을 찾아낸다. 모두 자신의 분야에 쉽게 적용해볼 수 있는 방법들이다. 모으고, 쪼개고, 합치고, 다시 구분하는 연습이 중요하다.

04 | 청중의 머릿속에 지도를 그려주는 이정표 제시하기

팀원 간의 협의를 통해 나온 아이디어를 논리 관계에 따라 묶고, 명분과 실리의 측면에서 논거를 구성해 청중이 이해하기 쉬운 방식으로 논리를 구조화했다면, 토론 스피치를 할 모든 준비는 마친 셈이다. 이제 준비한 내용을 상대방과 청중에게 잘 전달하기만 하면 된다. 본격적으로 토론을 해나가면서 전달력을 높이는 방법의 하나로, 구조를 갖춰 말하는 방법을 알아보자.

이미 논리 구조화 과정을 통해 무엇을, 어떻게 말해야 할지에 대한 자신의 지도를 머릿속에 그렸을 것이다. 그러나 막상 토론에 임하면 자신이 그린 지도를 남들도 다 알고 있으리라 생각하는 경우가 많다. 어떠한 이정표도 제시하지 않은 채 서론에서 본론으로, 한 논거에서 다른 논거로 넘어가는 것처럼 말이다.

토론자는 준비 과정을 통해 그린 지도를 나만 아는 것이 아니라 청중도 이해할 수 있도록 해줘야 한다. 이를테면, 나 또는 우리 팀이 무엇을 주장할 것인지, 논거 안에서 자신의 주장을 어떠한 식으로 증명해나갈지 계속해서 청중에게 알려주는 것이다. 이 방법은 다른 사람이 필요한 서류를 쉽게 찾을 수 있도록 서류 묶음에 라벨지를 붙이는 작업과 유사하다. 비효율적이라고 생각할 수도 있지만, 다음과 같은 측면에서 청중을 설득하는 데 도움을 준다.

① 청중에게 정보의 맥락을 미리 알려주어 자신이 말하고 있는 내용을 더욱 이해하기 쉽게 만든다.
② 청중이 놓친 정보를 다시 한번 강조해 정보의 누락이나 왜곡을 방지한다.
③ 청중에게 논거의 구성을 알려주어 논거를 명료하게 만든다.
④ 청중이 정보를 해석하는 데 많은 에너지를 쓰지 않도록 돕는다.

이처럼 구조를 갖춰 말하면 실전에서 전달력과 설득력을 높일 수 있다. 처음 토론을 접하는 학생을 만나 보면 "저는 이렇게 생각하는데, 이건 이렇고요, 저건 저렇고요… 아 맞다! 그리고 또 하나, 그건 이랬어요…"라고 두서없이 말을 많이 해서 이해하기가 힘든 경우가 있다. 구조 없이 머릿속에 떠오르는 대로 자기 생각을 전달해서 일어나는 현상이다. 이러한 사람의 특징은 자기 머릿속에서만 내용을 정리하고, 그 내용을 일방적으로 전달하는 데만 집중한다는 것이다. 말하는 사람은 이미 말할 내용을 수도 없이 생각했기 때문에 자신의 말이 이해하기 쉽겠지만, 처음 그 내용을 듣는 사람은 생소할 수밖에 없다. 이 경우 다음의 몇 가지만 유념해도 자신의 전달력을 배 이상으로 높일 수 있다.

서론에서 무엇을 말하고자 하는지 간단하게 밝히자

- 오늘 제가 말씀드릴 것은 ○○에 관한 것으로 저는 3가지를 말하고자 합니다. 하나는 ⋯ 다른 하나는 ⋯ 마지막으로 ⋯ 에 관한 것입니다.

서론에서 말할 내용을 순서대로 제시해 청중에게 어떤 내용이 나올지 예측하게 함으로써 좀 더 주의를 집중시키고 내용을 이해하기 쉽게 한다. 동시에 듣는 내용의 맥락을 더 빨리 파악할 수 있도록 도와준다. 마치 어떤 문제를 풀 때 배경지식을 알면 더 수월하게 지문이 읽히거나, 목차를 보고 나서 책을 읽으면 이해가 쉬워지는 것처럼 말이다.

주요 내용에는 숫자를 붙이자

- 첫째로는 …, 둘째로는 …, 셋째로는 …

핵심 메시지 간, 논거 간에는 앞에 숫자를 붙여서 내용의 전환이 있다는 것을 알려주어야 스피치가 더욱 명확해진다. 그리고 그것을 들은 청중은 자연스럽게 그 내용이 중요하다는 것을 인식하고 집중하게 된다.

복잡한 내용을 설명해야 한다면
그것을 둘로 쪼개거나 주요 내용 안에서도 구조를 갖추자

- 첫 번째 논거는 2가지 측면에서 설명드릴 수 있습니다. 하나는 … 다른 하나는 …에 대한 관점에서 분석해볼 수 있습니다.

만약 '학교 개선 방안'에 대한 토론에서 학교의 문제점을 첫 번째 주요 내용으로 제시한다면, ① 관리의 측면과 ② 예산의 문제로 나눠서 설명하는 것이 효과적이다.

결론에서 주요 내용을 다시 한번 반복하자

- 제가 오늘 말씀드린 내용은 하나 …. 둘 …. 마지막으로 …입

니다. 따라서 …

이때 각각의 논거가 어떤 식으로 연결되는지 설명해주면 더 좋다. 가능한 한 최소한의 집중력과 에너지를 써서 나의 주장을 이해시켜야 한다.

구조를 갖춰 말하기는 토론에서 반드시 필요하다. 다양한 아이디어가 끊임없이 오가는 역동적인 토론에서 청자는 길을 잃기 쉽기 때문이다. 토론에서 입론과 반론을 동시에 해야 하는 경우, 무슨 내용을 어떤 순서로 말할지 이정표를 제시해주면 청중의 혼란을 최소화할 수 있다. 간혹 자신의 논거를 전개하다가 갑자기 상대방의 발언에 대해 반박하는 경우가 있는데, 이를 미리 알려주지 않으면 청중은 둘의 부조화를 인지하고 혼란스러워할 것이다. 그 연사의 전달력과 설득력이 떨어지는 것은 불을 보듯 뻔한 일이다.

또한 서론에서 스피치의 개요를 제시했다면, 개요 순서대로 스피치 내용을 전달해야 한다. 서론에서 어떤 내용을 입증한다고 했는데 그 내용이 나오지 않는다면 청자는 혼란스러울 수 있다. 특히 토론대회에서는 심사위원들이 서론에서 제시한 내용까지 기록하므로, 주요 논거를 제시했음에도 그것을 빼먹거나 전개하지 않으면 오히려 더 안 좋은 인상을 남기게 된다.

간혹 구조적인 말하기가 딱딱하다며 자신의 스타일을 고수하려는 사람이 있다. 딱딱함은 어조와 어휘를 적절하게 사용해 해결할 수 있다. 또한 발음이 명료하고 어떤 말을 해도 귀에 꽂히는 목소리와 말맛을 가진 사람이 아닌 이상, 구조 없는 말하기로는 청중을 이해시키는 데 한계가 있다. 따라서 토론 스피치를 할 때 모든 단계에서 이정표를 제시해보자. 큰 노력과 시간을 들이지 않고서도 더욱 명확하게 주장을 전달할 수 있을 것이다.

05 | 적게 쓰고 제대로 말하는
키워드 스피치

여러 국가, 전국 각지에서 열린 토론대회의 운영자 혹은 심사위원으로 참여해보면, 토론 입문자, 경험자 상관없이 자주 보이는 습관이 있다. 바로 자신의 노트에만 시선을 고정한 채 스크립트를 그대로 읽는 것이다. 긴장이 되어서 그럴 수도 있고, 실수를 방지하기 위해서일 수도 있지만, 스크립트를 앵무새처럼 따라 읽는 것은 여러 면에서 '치명적'이다.

일단 전달력에 문제가 생긴다. 스크립트에 과도하게 의존하면 '소통'보다는 '읽기'에 초점이 맞춰져서 준비한 내용을 올바르게 전달하지 못한다. 청중이 발표자의 말을 통해 이해하는 것은 일부일 뿐이다. 청중을, 상대방을 설득하기 위해서는 표정으로, 시선으로, 감정이 느껴지는 목소리로 그들과 계속 소통해야 한다.

토론을 하다 보면 청중이나 심사위원과 말이 아닌 비언어 요소로 소통할 때가 있다. 스피치를 하는 도중에 심사위원의 표정이나 반응을 보고 부가적인 설명이나 예시를 추가하거나 특정 내용을 강조하는 것이 그렇다. 그런데 이러한 소통을 배재한 채 스크립트대로만 읽는 행위는 그들과 소통을 포기하겠다는 의미로 비춰질 수 있다.

게다가 원고를 그대로 읽는 것은 토론자에 대한 신뢰를 떨어뜨린다. 스크립트를 그대로 읽으면 주제에 대한 이해도가 낮고 자신이 없다는 인상을 줄 수 있다. 또 '주제를 제대로 이해하지 못하는구나' 하는 선입견이 생기기 쉽다. 학교 수업이나 직장에서 원고를 그대로 읽는 사람과 그렇지 않은 사람의 발표를 들을 때 청중은 자연스럽게 후자를 신뢰하게 된다.

마지막으로 스크립트에 의존하면 화자의 개성을 보여줄 수 없다. '토론' 하면 '논리 대 논리의 매우 엄격한 지적 싸움'이라고 생각하는 사람이 많은데, 토론은 이성을 넘어 감성까지 포괄하는 지적 설득 활동이다. 따라서 상대방을 내 편으로 만들거나 내 의견에 동의하게끔 만들기 위해서는 논리뿐만 아니라 모든 요소를 활용해야 한다. 그중 하나가 바로 말하는 사람의 개성이다. 사람마다 성격이 다르듯 말하는 것에도 그 사람의 성격이 묻어 나온다. 고유한 말하기 스타일은 청중에게 화자와 화자가 전달하는 내용이 더 잘 기억되게 만든다. 스크립트대로 읽는 것은 요즘 가정에 하나씩 두고 있는 AI 스피커도 할 수 있다. 그냥 읽는 것이 아닌 감정을 담아 나의 목소리로 '소통'하는 것이 필요한 이유이다.

그렇다면 스크립트 그대로 읽기에서 벗어나 청중과 소통할 수 있는 방법은 무엇일까? 필자가 추천하는 방법은 '키워드 스피치'이다. 키워드 스피치란 말하고자 하는 내용을 모두 쓰는 것이 아니라 A4용지에 핵심 키워드 위주로만 정리해 발표하는 것이다. 다음의 예시를 보자.

[예시 1]

(A4 용지)

주제: 기본소득제를 도입할 것이다. (찬성)

요점 1: 기술 발전으로 인한 일자리 감소 문제 대안
설명: 4차 산업혁명 / 인공지능 → 풀타임 일자리 감소 → 정부
    의 개입 필요
증거: 클라우스 슈밥,《제4차 산업혁명》

(하략)

(A4 용지)

주제: 최저임금을 1만 원으로 인상해야 한다. (찬성)

요점 1: 일자리 감소

설명: 최저임금 1만 원 → 매년 두 자릿수 인상 폭 유지 → 인력
  감축

증거: 한국경제연구원, 〈최저임금 인상이 고용과 소득재분배에
  미치는 영향〉

(하략)

　이처럼 키워드 중심으로 정리해 스피치를 준비하면, 반드시 증명해야 할 내용과 논리의 흐름에 집중할 수 있고, 연단에서 청중과 교감하며 설득할 수 있다. 논제 분석 등 토론 준비를 제대로 했다면 사고 과정과 논리 흐름은 머릿속에 남아 있으므로 자신의 언어로 설득력 있는 스피치가 가능하다.

　키워드는 일종의 이정표 역할을 하며, 상대방을 설득하는 데 필요한 필수적인 정보나 증거만을 나타낸다. 여기서 키워드의 분량은 실전 연습을 통해 자신에게 가장 편하고 적합한 양을 찾아야 한다. 일반적으로 큰 글씨(폰트 20pt 이상)로 썼다는 가정하에

논거 하나당 A4 용지 1장 이상을 넘어가지 않는 것이 좋다. 대개 처음에는 원고에 있는 문장을 단어나 구로 줄이는 정도에서 그치는데, 이는 키워드 중심의 스피치라고 할 수 없다. 키워드 중심으로 원고를 쓴다는 것은 부차적인 내용은 덜어내고 중요한 내용을 선별하는 일이기 때문이다.

또 키워드를 적은 원고는 내용을 쉽게 파악할 수 있도록 큰 글씨로 써야 한다. 그래야 텍스트의 홍수에 빠지지 않고 생각이 잘 안 날 때 어떤 내용을 말해야 하는지 빨리 파악할 수 있다. 반면, 빽빽한 글씨로 쓴 원고는 한 번 흐름을 놓치면 어디에서부터 시작해야 하는지 신속하게 알아채기 어렵다.

처음 토론을 접하면 누구나 시행착오를 겪는다. 필자 역시 연단에서 패닉 상태에 빠질까 두려워 하고 싶은 말을 모두 노트에 적어 완벽하게 발표하려고 애썼다. 그 결과, 오히려 발표할 때마다 노트에 적힌 텍스트에 파묻혀 토론이 더 꼬여만 갔다. 이후 토론은 매우 역동적이고 상호적인 과정임을 깨닫고 키워드 중심으로 토론을 준비하니 자연스럽게 소통과 설득에 초점을 맞출 수 있게 되었다.

그래서 여전히 토론할 때나 시각 자료 없이 발표할 때는 이 방법을 사용한다. 절대 빠지면 안 되는 내용을 중심으로 키워드를 뽑아 발표 순서대로 A4용지 1장에 나열한 후 논리를 전개해나간다. 그리고 말하는 중간중간 다음 키워드를 확인하며 나의 언어로 설명하려고 노력한다. 자료는 그다음 문제이다.

여전히 스크립트 없이 발표하기가 두렵다면, 이것만 기억하자. 눈 딱 감고, 말하고 싶은 내용의 3분의 1만 적어 발표해보자. 스크립트가 얼마나 자기 발목을 잡았는지 깨닫게 될 것이다.

06 | 내 말을 듣고 싶게 만드는 말하기

토론에서 제시할 내용이 다 정리됐다면, 이제는 어떤 톤으로, 어떤 목소리로 나의 논리를 풀어나갈 것인가 고민해야 한다. 그전, 다음의 예시들을 살펴보자.

제목: 에디슨

에디슨이 / 세계적으로 / 유명한 발명의 왕으로서 /
영광스러운 이름이 / 영원히 / 전해질 수 있었던 것은 /
끊임없는 탐구심과 / 강철같은 인내심의 결과였으며 /
수없이 많은 발명품을 만들어낼 수 있었던 것은 /
99%의 노력이었다는 사실을 / 명심해야 한다고 /
이 어린이는 / 강력히 / 부르겠습니다.

제목: 개미의 정신

영치기 영차 / 영치기 영차 /

새벽부터 밤중까지 / 개미는 / 땀을 뻘뻘 흘리며 / 열심히 /

일을 합니다 / 더 잘사는 미래를 위해 / 앞으로 닥쳐올 /

불행을 막기 위해 / 저축하고 땀 흘리며 / 줄기차게 일하는 /

개미의 정신을 본받아 / 부지런히 노력하는 /

성실한 사람이 되자고 / 힘차게 / 주장합니다.

두 예시는 불과 몇 년 전까지 여러 기관에서 웅변 예시로 쓰인 자료들이다. 원고를 읽고 어떤 생각이 드는가? 당당한 자세로 조리 있게 연설하는 것이 웅변의 목적이라고 해도 뭔가 이상하지 않은가? 여러 이유가 있겠지만, 그중 단어와 문장이 너무 건조하고 딱딱해서 내용이 잘 전해지지 않음을 알 수 있다. 안타깝게도 이러한 방식의 커뮤니케이션은 수업 발표에서, 토론에서, 대화에서 자주 반복된다.

처음 스피치나 토론을 접하는 대부분의 사람은 위 예시들처럼 과도하게 '형식적'으로 말하려고 한다. 연설이나 토론이라고 하면 왠지 거창해 보이고, 대중매체에서 접하는 연설가나 토론자들이 대개 과도한 형식을 갖추어 말하기 때문이다. 이에 토론자 역시 최대한 격식을 갖춰서 말해야 한다는 부담을 느끼고, 자신의 말맛은 온데간데없이 상투적이고 딱딱한 말투로 토론에 임하게 되는 것이다.

어떻게 말해야 하느냐에 대해서는 의견이 분분하다. 누군가는 TV 아나운서처럼 말하기를 권하고, 누군가는 공손한 투로 얘기하는 것이 좋다고 한다. 그러나 중요한 사실은 토론의 목적, 청중에 따라 그에 맞는 스타일로 말해야 한다는 것이다. 이때 자기 생각을 표현하는 데 가장 효과적인 방법은 평소 대화하듯 말하는 것이다. 친구, 동료, 부모님 등 주변 사람과 대화하는 장면을 떠올려보자. 몇몇 상황을 제외하고는 우리는 말에 감정을 담아 차근차근 이야기를 풀어나갈 것이다. 내 생각을 전달할 때도 무미건조하게 문장을 말하는 것이 아니라 단어 하나, 문장 하나에 나의 개성과 감정을 담아야 한다.

대화하듯 말하기가 설득에 효과적인 이유는 화자의 개성이 드러나기 때문이다. 말할 때 그 사람의 고유한 개성이 보여야 사람들은 그가 한 말을 더 오래 기억한다. 나의 방식으로 말해야 상대가 진정성을 느낄 수 있는 것이다. 쓰인 텍스트에 개성을 불어넣고 설득력을 더하는 것은 화자 자신이다. 그래야만 어휘와 말이 자연스러워지고 알아듣기 쉬운 설명으로 이어진다. 동시에 충분히 격식을 갖추면서도 상대방이 편안하게 경청할 수 있다.

또한 말할 때 다음과 같은 군더더기를 걷어내면 '대화하듯' 그리고 자연스럽게 '있어 보이는' 말하기를 할 수 있다.

• 강조하기: 나는 어제 진짜로 너무나 아팠어.

- 망설임: 어… / 그게… / 음… / 아…
- 확인: 아까 얘기했다시피, 그 방안은 비효율적이야.
- 과도한 존대: 너무나도 존경하는 심사위원분들께서…
- 부가 의문문: 그거 정말 비싸요, 그렇지 않아요?

토론에서 어떤 목소리, 톤, 말투가 이상적이다라고 단정 지을 수는 없다. 스피치 화법을 통해 배우는 천편일률적인 말하기 방식보다는 자신을, 자신의 견해를 자연스럽게 드러내는 말하기를 해야 한다. 그러니 아나운서처럼 말해야 한다는 부담은 내려놓고, 과도한 형식에서 벗어나 편안하게 말해보자. 그럴 때야 사람들이 나의 말에 귀를 기울일 것이다.

모든 내용을 아우르는
지도 그리기, 입론 개요서

입론(Constructive Speech)이란 토론 주제에 대한 우리 팀의 의견, 핵심 내용의 체계를 세우는 것이다. 즉, 자신의 입장과 논거를 제시하는 과정으로, 토론 형식에 따라 '발제' 혹은 '입장 표명'이라고 부른다. 입론은 모든 형식의 토론에서 필수적인 과정으로 한 명의 연사가 입론만 하거나 입론과 반론을 모두 하는 경우가 있다. 입론하는 토론자(양측 첫 번째 연사)는 팀의 입장과 주장을 정리해 청중이 이해하기 쉽게 전달해야 하며, 이는 전체 토론의 방향을 결정한다.

이제 앞서 배운 내용을 종합해 입론에 적용해보자. 입론에서는 먼저 토론 논제의 용어를 정의하고, 현재 상황과 문제점, 기준 세우기 등 논제와 관련된 배경 설명을 해야 한다(Chapter 4의

'토론이 산으로 가는 것을 막아주는 논제 정의하기' 편 참조). 정책 토론 주제에 관한 토론일 경우 찬성 측은 용어 정의에 더해 문제점을 해결하는 방안 혹은 정책을 제시해줘야 한다. 논제의 용어 정의와 배경 설명을 할 때는 사전 지식이 없는 청중이 토론 주제와 관련된 배경을 이해할 수 있도록 가능한 한 쉽고 구체적으로 설명해야 한다(Chapter 3의 '한 번에 이해하도록 설명하는 3가지 방법' 편 참조).

그리고 나서 우리 팀의 주장을 명확하게 하기 위해 논거의 핵심 주장을 간략하게 제시해야 한다. 일반적으로 논거의 수는 팀당 3개가 적당하다. 제한 시간이 있는 토론에서 중복과 누락 없이 자신의 논리를 항목화하는 것은 대개 3개 이내면 충분하기 때문이다.

여기까지 마쳤다면, 이제 본격적으로 자신의 논거를 하나하나 설명해야 한다(Chapter 3의 '횡설수설하지 않고 논리적으로 주장하는 PEEL 논증' 편 참조). 논거의 요점을 제시하고, 왜 그런지 어떻게 그런지를 설명한 후 신빙성 있는 자료를 제시해 객관성을 확보하고, 해당 논거가 자신의 견해를 어떻게 뒷받침하는지 보여주자.

마지막으로, 우리 측 입장의 중요성과 발언의 핵심 내용을 요약 정리하며 마무리한다. 이때 클로징 기법을 활용한다면 더욱 설득력 있는 인상을 줄 수 있다(Chapter 5의 '토론 고수의 실전 노하우: 효과적인 오프닝 기법과 클로징 기법' 편 참조).

지금까지 살펴본 입론 방법을 다음과 같은 표로 나타낼 수 있

는데, 이를 활용해 입론 개요서를 작성해보자. 보다 쉽게 토론을
준비할 수 있을 것이다.

논제	
입장	
주요 쟁점 (우리 측의 입증 책임)	쟁점 1 (예: 정부의 개입 대 표현의 자유 / 토론 논제의 구체적 맥락을 고려할 때 표현의 자유는 정부의 개입에 우선하는가?)
	쟁점 2
	쟁점 3

서론
• 용어 정의: (주요 용어만 설명)
• 배경 설명:
• 이정표 제시: (1~3번 논거의 요점)

본론
• 논거 1
 − 요점
 − 설명
 − 증거
 − 재강조(연결고리)
• 논거 2
 − 요점
 − 설명
 − 증거
 − 재강조(연결고리)
• 논거 3
 − 요점
 − 설명
 − 증거
 − 재강조(연결고리)

결론
• 주요 내용 재강조

입론 개요서를 준비할 때는 실리와 명분이 있는 논리를 구성하고, 되도록 쉬운 말과 구조로 내용을 작성하자. 동시에 모든 내용을 다 적는 것이 아니라, 자신이 알아보기 쉽게 키워드 중심으로 쓰고, 입론의 시작과 끝을 우리 측 프레임에 맞춰 전략적으로 구성해야 한다.

효과적인 오프닝 기법과 클로징 기법

토론자의 첫인상을 결정짓는 효과적인 오프닝 기법

•

토론 스피치에서 처음 30초는 매우 중요하다. 스피치를 어떻게 시작하느냐, 즉 도입부를 어떻게 구성하느냐에 따라 스피치의 전달력과 호소력이 완전히 달라지기 때문이다. 대부분의 청중은 당신이 하는 말을 곧이곧대로 받아들이려 하지 않는다. 토론대회에서 만나는 심사위원은 더하다. 낯선 토론자의 말을 의심 없이 수용하기보다는 그 말의 논리적 결점을 어떻게든 찾으려고 할 것이다.

이에 대처하기 위해서는 처음 만나는 상대에게 인사를 건

넬 때처럼 인상적인 도입부를 구성해야 한다. 그래서 말하는 사람의 첫인상을 긍정적인 이미지로 만드는 게 중요하다. 첫 시작이 좋으면 사람들은 경계심을 낮춘다. 즉, 토론 스피치의 처음 시작이 좋으면 청중들 역시 발표자의 말에 더 집중할 것이고, 더 설득력 있게 보일 수 있다.

토론 스피치의 시작 부분에 공을 들여야 하는 이유는 이외에도 다양한데, 일부를 소개하면 다음과 같다.

학교 수업에서 중요한 발표가 있는 A군. 이날을 위해 자료 조사를 하느라 팀원들과 며칠 밤을 새우고, 대본도 써가며 열심히 준비해왔다. 자기 차례가 오기 전까지 속으로 발표 준비를 하고 있던 그는 자신의 이름이 호명되는 것을 뒤늦게 듣고 부랴부랴 연단으로 나갔다. 준비한 내용을 머릿속에 정리하기 위해 잠시 뜸을 들이고 발표를 시작했다. 첫 두 문장까지는 준비한 대로 잘 전달했지만, 그다음 내용을 갑자기 잊어버리고 말았다. 당황한 A군은 머릿속이 하얘졌고, 발표의 흐름을 놓쳐버렸다. 결국 어떻게 발표 시간이 끝났는지도 모르게 발표 자료에 있는 글과 대본을 읽기만 하다가 연단에서 내려왔다.

어디서 많이 들어본 얘기가 아닌가? 아마 독자 중 상당수가 비슷한 경험을 한 번쯤 해보았을 것이다. 발표 준비를 열심히 했음에도 A군은 왜 발표를 망치게 되었을까? A군은 너무 완벽하게 발표하려고 한 나머지 세부 내용에 과도하게 집중해 도입부를 매끄럽게 전달하는 데 실패했기 때문이다. 본론에서 다룰 세부 내용을 암기해야 한다는 생각으로 자신의 스피치를 어떻게 시작할지 제대로 정리하지 못했고, 처음의 작은 실수가 결국 도미노처럼 이어져 스피치 전체에 영향을 미친 것이다.

이처럼 스피치의 시작은 매우 중요하다. 단지 처음 내뱉는 말이어서가 아니라, 처음에 어떻게 하느냐가 남은 발표와 발표자의 상태를 결정짓기 때문이다. 아무리 긴장해도 스피치를 잘 시작하면 이내 발표와 토론에 적응하게 된다. 이후 발표에 몰입하게 되면서 보다 편안한 상태로 자신의 주장을 전달할 수 있다. 따라서 어떻게 오프닝을 할지 머릿속에 그려보고, 발표 직전에 시뮬레이션해보는 것을 추천한다.

시작을 잘하기 위해 발표 전에는 전체 내용을 복기하는 것보다는 오프닝의 흐름에만 집중하자. 이미 연습을 어느 정도 했다면 나머지 내용은 알아서 따라올 것이다. 이 방법이 어렵게 느껴지거나 시간적 여유가 없다면, 적어도 발표 제목과 핵심 내용을 한두 문장으로 요약한 것이라도 확실히 외우고 연단에 서야 한다. 그리고 나서 스피치를 시작하는 것이다.

하나의 주제에 관해 자기 생각을 차례대로 개진하는 발표와 달리, 토론은 짧은 시간 안에 엄청나게 많은 정보와 논리가 오가는 활동이다. 따라서 청중이 가능한 한 쉽게 알아들을 수 있도록 해야 내가 하는 말의 설득력을 높일 수 있다. 청중은 대개 스피치 초반에 주의를 집중하므로, 도입부에서 주요 내용을 간략하게 정리해주는 것만으로도 그들의 이해도를 높일 수 있다. 즉, 청중이 가장 집중하는 도입부야말로 우리 측의 입장을 명확히 하기 위한 출발선인 셈이다.

그렇다면 효과적으로 도입부를 설계하는 방법은 무엇일까? 잘 알다시피 핵심 내용을 서론에서 요약 정리해주는 것도 하나의 방법이 될 수 있다. 다음 내용을 통해 청중을 전략적으로 설득하기 위한 도입부 구성 방법을 알아보자.

일반적인 기대 뒤집기

말하고 있는 내용에 반전을 줌으로써 흥미를 유도하는 방법이다. 먼저 도입부를 시작할 때 청중에게 질문을 던지면서 궁금증을 이끌어내는 것이다. 이때는 스피치의 주요 내용이 무엇인지 바로 알려주지 말고, 일반적이되 청중이 흥미를 잃지 않도록 발언을 이어가다가 도입부의 마지막에서 자신의 입장 혹은 주제를 밝힌다. 사람들은 재미있거나 궁금증을 유발하는 말에 귀를 기울이는데, 이 방법은 청중의 호기심을 자극해 화자의 말에 집중하게 만든다.

예를 들어 '흡연 전면 금지'에 대해 토론하는 상황을 가정해보자. 위 내용을 적용해 흡연을 전면 금지해야 한다는 입장에 선 연사는 다음과 같이 스피치의 서두를 풀어갈 수 있다.

"1가지 물건이 있습니다. 많은 사람이 이 물건이 자신을 행복하게 해준다고 믿습니다. 또 이 물건이 스트레스를 완화해준다고도 믿고 있습니다. 이것을 많이 사용하면 할수록 아프거나 죽을 수도 있는 걸 알면서도 말이죠. 실제로 이 물건은 소유자의 목숨을 앗아가기로도 악명이 높습니다. 오늘은 이 물건, 즉 담배에 관해 말해볼까 합니다. 이런 역설적인 상황이 지속되지 말아야 한다는 것에 대해 3가지 이유를 들어 말씀드리고자 합니다."

도입부에서 곧바로 흡연의 해로움을 밝히고, 흡연을 금지해야 한다고 주장하는 것이 아니라 담배를 '물건'이라 칭하며 담배에 대한 스토리텔링으로 청중의 호기심을 자극하고 있다. 이 방법은 여러 토론과 발표에서 쓰이며 스피치에 쉽게 적용할 수 있다.

변화에 대한 심리적 공간 만들기

점진적으로 내 입장에 공감할 수 있도록 도입부를 풀어가는 것이다. 특히 대부분의 사람이 가지고 있는 통념, 고정관념과 같은 가정들에 반하는 이야기를 할 때 효과적인 방법이다. 민감한 주제를 놓고 토론하는 사람들은 '토론이니까 괜찮아'라는 생각으로 사람들이 일반적으로 옳다고 믿는 가정들을 바로 반박하곤 한다. 그러나 이는 오히려 청중의 저항을 불러일으킬 수 있다. 그러므로 먼저 그 가정, 이론을 인정하고, 심리적 공간을 만든 후 천천히 반대 의견을 이야기해야 한다.

이해를 돕기 위해 영미권 정책 토론에서 자주 다루는 예시인 '연성 마약(Soft Drug) 혹은 마리화나를 합법화해야 한다'라는 논제를 보자. 이 경우 찬성 측이 바로 "마리화나는 여러분이 생각하시는 것처럼 그렇게 나쁜 게 아닙니다. 담배보다도 몸에 덜 유해하니, 무조건 합법화해야 합니다"라고 주장할 수 있다. 그런데 '일반적인' 믿음에 반하는 이야기를 처음부터 직접적으로 제시하면 청중 대부분은 "쟤 이상한 놈 아니야?"라며 싸늘한 반응을 보일 것이다. 이때는 다음 예시와 같이 접근하는 것이 효과적이다.

"저는 마약이 개인의 건강에 안 좋은 영향을 끼치고 때로는 범죄를 유발할 수 있다는 사실을 인정합니다. 현재 마약 생산과 판매는 금지임에도 불구하고 불법이 자행되는 현실에 대해 한 사회의 일원으로서 심히 우려하고 있습니다. (중략) 동시에 마약에 대한 무분별한 금지로 인해 매년 수천 명의 무고한 사람이 범죄자가 되어 철창 신세를 지고 있다는 사실을 잊지 말아야 합니다. 이 사회 문제에 대해 우리는 무엇을 해야 할까요? 이들을 그냥 이대로 감옥에 가둬야 할까요? 아니면 이들을 도와주는 게 우리의 의무일까요? 이것이 오늘 저희 팀이 토론에서 말씀드릴 내용입니다."

위 예시는 연성 마약 소지자를 기소하지 않는 '비범죄화(Decriminalize)'로 입장을 잡고 서론을 구성한 것이다. 이 노선을 택하면 마약 중독을 처벌의 관점으로 보기보다는 건강 문제로 바라보게 하는 것이 목표가 된다.

먼저 첫 두 문장을 통해 마약에 대한 대부분 사람들의 인식을 인정하는 것을 볼 수 있다. 이어서 토론자는 화제를 전환해 왜 마약을 합법화해야 하는지 자신의 견해로 서서히 화제를 돌린다. 바로 마약에 대한 합법화를 주장하기보다는 일반적인 청중의 생각을 인정하면서 자신의 이야기를 들어줄 수 있도록 심리적 공간을 만드는 것이다. 무엇보다 이 전략을 쓸 때에는 논거 역시 청중에게 다가가기 쉬운 것부터 납득하기 힘든 순으로 전개하는 것이 효과적이다.

상대방의 입장에서 접근하기

청중의 입장이나 경험에 빗대어 "나 역시 당신과 같아요"라고 감정적으로 호소하는 방법이다. 앞서 소개한 '변화에 대한 심리적 공간 만들기'처럼 대부분이 반대하는 생각이나 정책을 옹호해야 할 때 쓰인다.

'삼진아웃제*를 시행할 것이다'라는 주제를 예시로 들어보자. 흉악 범죄를 3번 범할 경우 사형시킬 것이라고 토론의 범위를 제한했다고 가정한다면, 대부분 시민은 흉악한 범죄를

---

* 같은 유형의 과실을 세 번 범할 경우, 더욱더 엄한 처벌이나 불이익을 가하는 제도.

연달아 저지른 범죄자에게 사형을 부과하는 것에 동의할 것이다. 다수 삼진아웃제를 지지하는 상황에서 이 제도를 반대해야 하는 입장이라면, 상대방의 견해에 철저히 공감한다는 자세로 토론을 전개해나가는 것이 필요하다. 이를테면 다음과 같이 스피치의 도입부를 구성하는 것이다.

"누군가 계속해서 흉악한 범죄를 저지른다면 이는 매우 질이 나쁜 범죄이며 심각한 사안이라고 생각합니다. 하지만 사람들은 실수를 저지르곤 합니다. 이것이 반복된 실수일지라도 말입니다. 실수를 반복한다는 것은 그 사람이 정말 나쁜 사람임을 의미할 수도 있습니다. 또한 출소 후에도 일할 기회조차 얻지 못하는 등 전과자를 벼랑 끝으로 몰아가는 기타 사회 제도의 미비 때문일 수도 있습니다. 그러나 만약 자신이 손가락질하는 범죄자가 여러분의 주변 사람이라면 어떨까요? 그 실수를 저지른 사람은 여러분의 형제일 수도, 부모일 수도, 또는 친한 친구일 수도 있습니다. 여러분의 소중한 사람이 이러한 범죄를 저지를 때에도 무조건 사형을 주장하시겠습니까? 그들은 우리가 포기하지만 않고 관심을 둔다면 좋은 방향으로 변할 수 있는 사람입니다. 오늘 토론에서 다루는 범죄자들도 누군가의 가족이며, 친구이며, 똑같은 사람일 뿐입니다. 저희는 이 토론을 통해 오늘 안건을 통과시키면 사회에 어떠한 부작용이 있는지, 다시 범행을 저지르더라도 이들을 사형에 처하지 말아야 하는 이유를 말씀드리려 합니다."

위 예시는 사형을 부과하지 말아야 하는 논리적인 관점으로 접근하기보다는 청중이 공감할 수 있는 방식으로 범죄자를 묘사하고 있다. 청중과 가까운 주변 인물에 빗대어 설명함으로써 타자화된 대상에 감정적 이입을 유도하는 것이다. 이 방법은 단독으로 사용할 수도 있고, 두 번째 방법과 혼합해 사용할 수도 있다. 핵심은, 내 입장에 대한 여론을 이해하고 청중의 입장에서 메시지를 구성하는 것이다.

유종의 미를 거두는 효과적인 클로징 기법

·

토론 스피치의 도입부에서부터 청중의 흥미를 유도하면서 자신의 입장을 명확히 하고, 내용까지 논리적으로 짜임새 있게 전달했다면, 마지막으로 그에 맞는 클로징이 필요하다. 물론 본론을 마침과 동시에 스피치를 마무리해도 되지만, 결론을 정리해주어야만 청중의 기억에 남는 보다 완벽한 스피치를 했다고 할 수 있다. 청중을 사로잡는 것이 시작 말이라면, 청중에게 핵심 메시지를 남기고 더 나아가 의도된 행동을 하도록 유도하는 것이 맺음말인 것이다.

하지만 토론 스피치를 할 때 대부분 서론과 본문에 많은 시간을 쏟고 결론에서는 두루뭉술하게 끝내곤 한다. 많은 토론자가 본론의 말미에서 자신의 스피치를 그대로 마무리하는데, 여태까지 전달한 내용을 다시 한번 정리하는 등 맺음을 하지 않으면 토론을 잘 하고도 남는 것이 없게 된다. 서론과 본론을 장황하게 구성한 것에 비해 별 내용 없이 결론을 마치는 경우가 그렇다. 이를테면 "이것으로 마치도록 하겠습니다. 질문 없나요?", "들어주셔서 감사합니다"와 같이 말이다. 토론 스피치의 끝을 알려준다는 점에서 안 하는 것보다는 낫지만, 이렇게 발언을 마치면 청중들이 토론 연사의 주요 메시지를 기억하기 어렵다. 따라서 반복해서 핵심 내용을 전달해주는 과정이 필요하다.

그렇다면 토론 스피치의 결론은 어떻게 구성해야 할까? 토론에서 자주 사용되는 방법을 하나하나씩 살펴보자.

요약 정리하기

가장 적용하기 쉬우면서도 자주 사용하는 방법으로, 내가 말한 내용의 주요 메시지를 다시 한번 강조하는 것이다. 입론안이나 논리 구성을 보면 대개 3가지 정도의 주요 메시지가 있을 것이다. 이를 활용해 각각의 메시지를 한 문장으로 정리해 말하면 된다. 이때 앞에서 제시한 논거와 다르게 설명하는 것이 효과적이다.

"오늘 토론을 통해 여러분이 꼭 기억해주셨으면 하는 내용은 다음과 같습니다. '첫째, … 둘째, … 셋째, …' 위 3가지 이유를 들어 저희 측은 A안이 통과되지 말아야 한다고 생각합니다. 이상으로 저의 발언을 마치도록 하겠습니다."

이처럼 토론 주제와 관련된 스피치의 주요 메시지를 다시 한번 강조함으로써 청중에게 핵심 내용을 상기시킬 수 있으며, 말한 내용을 깔끔하게 재정리할 수 있다.

행동 촉구하기

설득을 위한 말하기인 토론에서 가장 효과적인 방법 중 하나로, 의도하는 방향으로 청중의 행동을 유도하는 것이다. 먼저 청중이 토론장을 떠날 때 기억해야 하는 하나의 메시지, 또는 행동을 정하자. 그러고 나서 이 메시지를 결론에서 강조하면서 이에 대한 구체적인 행동을 요구하는 것으로 발언을 마무리 짓는 것이다. 이 방법은 토론뿐만 아니라 다음과 같은 여러 분야에도 적용할 수 있다.

- 발표한 주제에 대해 특정 관점으로 바라보도록 유도
- 다른 사람에게 관련 주제를 퍼트리도록 유도
- 캠페인, 이벤트 등에 등록하거나 친환경 제품만 사용하는 등 특정 행동을 하도록 유도
- 물건이나 제품을 구매하도록 유도
- 해당 주제를 홍보하도록 유도

노무현 전 대통령의 취임사는 토론 스피치에서 화자가 의도한 관점으로 바라보도록 청중을 이끌려면 어떻게 해야 하는지를 보여주는 좋은 예이다.

우리에게는 수많은 도전을 극복한 저력이 있습니다. 위기마저도 기회로 만드는 지혜가 있습니다. 그런 지혜와 저력으로 오늘 우리에게 닥친 도전을 극복합시다. 오늘 우리가 선조들을 기리는 것처럼, 먼 훗날 후손들이 오늘의 우리를 자랑스러운 조상으로 기억하게 합시다.

우리는 마음만 합치면 기적을 이루어내는 국민입니다. 우리 모두 마음을 모읍시다. 평화와 번영과 도약의 새 역사를 만드는 이 위대한 도정에 모두 동참합시다.

- 2003년 2월, 노무현 대통령 제16대 대통령 취임사 중
(《노무현 대통령 연설문집 제1권》, 행정안전부 국가기록원 대통령기록관)

거의 모든 연설은 청중이 특정 방향으로 행동, 사고하는데 그 목적이 있다. 토론도 마찬가지다. 즉, 누군가를 움직이게 하는 것이다. 그러므로 행동 유도는 토론 연설의 필수이면서 매우 중요한 요소라 볼 수 있다.

명언, 속담 인용, 스토리텔링

기억에 남을 만한 결론을 만드는 것으로, 나의 입장과 관련된 명언, 속담 등을 인용하거나 스토리를 전달하면서 발언을 마치는 방법이다. 이때 서론과 결론이 서로 이어지는 수미쌍관 식으로 이야기를 구성해야 효과적이다. 유의해야 할 점은 명언을 인용하기 전에는 사전 조사를 통해 인용문의 앞뒤 글을 읽어봄으로써 자신이 이해한 의도와 말하는 이 또는 글쓴이의 의도가 일치하는지 확인해야 한다. 문재인 대통령

의 다음 연설문은 속담을 효과적으로 활용한 예이다.

'같은 배를 타면 같은 곳으로 간다'라는 미얀마의 속담처럼 오늘 이 자리가 양국 경제인들의 우정을 다지고, 평화와 번영을 위해 같은 배를 타는 자리가 되길 희망합니다. 한·미얀마 경제협력 산업단지가 우리의 출발지입니다. 서로 돕고 배우며 미래를 향해 함께 갑시다.

－ 2019년 9월, 문재인 대통령 미얀마 방문 경제협력 산업단지 기공식 및 비즈니스 포럼 연설문 중

《문재인 대통령 연설문집 제3권(상)》, 대통령비서실)

274

토론 고수의
2가지 비책,
경청과 질문

토론을 준비하는 과정만큼 토론 중에 상대방과 상호 작용하는 과정은 중요하다. 내가 하고 싶은 말만 해서는 상대방을, 청중을 절대 설득할 수 없다. 이러한 자세로 대회에 나가거나 토론에 참여하면 토론의 쟁점을 잘못 짚어 망신만 당할 가능성이 크다.

다른 사람과 소통 혹은 상호 작용하는 데는 2가지 능력이 필요하다. 무엇보다 상대방이 하는 말을 '잘' 들어야 한다. 영어에서 'Hear'와 'Listen'은 모두 '듣다'라는 의미지만, 전자는 수동적으로 듣는다는 의미가 강하고, 후자는 적극적으로 듣는다는 의미를 내포한다. 쉽게 말해 소음은 'Hear' 하는 거고, 노래는 'Listen' 하는 것이다. 여기서 상대방의 말을 '잘' 들어야 한다는 것은 'Listen'의 의미를 뜻한다. 평소 좋아하는 노래를 듣는 것처럼 토론할 때도 상대방의 말을 집중해서 들어야 한다.

다른 하나는 '질문하는' 능력이다. 토론 중에는 상대방의 이야기를 경청하며 상대방에게 적절한 질문을 할 수 있어야 한다. 질문을 통해 서로의 공통점과 차이점을 파악하고, 보다 나은 대안을 찾기 위한 단서를 얻는 것이다. 그래야 오해 없이 서로의 뜻을 맞춰가며 숨겨진 갈등을 표면화할 수 있다.

기본: 경청만 잘해도 토론 실력이 향상된다

경청하기는 토론의 모든 과정에서 중요한 역할을 한다. 팀원과 토론 주제를 준비하는 과정에서부터 상대방의 발언 시간, 그리고 토론 후 심사평 시간까지 경청은 효과적인 의사소통과 생산적인 토론을 위한 필수 요소라 할 수 있다.

무엇보다 경청하는 태도는 토론에서 아무리 강조해도 지나치지 않다. 그만큼 중요한데, 그 이유를 살펴보면 다음과 같다.

하나, 잘 들어야 제대로 반박할 수 있기 때문이다. 토론 경기를 심사하다 보면 토론자들이 핵심 이슈를 종종 놓치는 것을 목격하는데, 대부분의 실수는 상대방의 말을 제대로 듣지 않는 것에서 기인한다. 우리 팀이 준비한 내용만 전달하면 된다는 생각이나 우리의 논리가 가장 탄탄할 거라는 자만심으로 상대측의 말을 주의 깊게 듣지 않는 것이다. 상대측의 주장을 제대로 듣지 않으니 반박 역시 피상적인 수준에 머무르는 것은 안 봐도 뻔한 일이다.

둘, 듣는 과정에서 종종 더 좋은 아이디어나 보완해야 할 부분이 떠오르기 때문이다. 주의 깊게 듣는다는 것은 계속해서 두뇌를 가동한다는 의미이고, 듣고 생각하는 과정을 통해 우리 측이 놓쳤거나 보완해야 하는 부분을 파악할 수 있다.

셋, 경청하는 태도가 좋으면 상대방과 청중에게 좋은 인상을 주어 설득력을 높일 수 있다. 설득력은 논리가 있을 때도 생기지만 어떤 사람에게 호감이 있을 때도 생긴다. 두 팀이 토론을 하고 있다고 치자. 자신감이 있어 보이지만 거만한 말투로 다른 사람의 발언 도중 계속 끼어드는 측과 상대방의 발언이 끝날 때까지 기다리며 발언을 경청하는 측. 둘의 논리가 비슷하다면 대부분의 사람은 후자 측에 손을 들어줄 것이다. 이는 대화에도 적용되는데, 사람은 자신의 말을 잘 들어주는 사람에게 호감을 느끼고 그 사람의 말에 더욱 주의를 기울이는 것과 같다.

마지막으로, 경청을 해야 토론 실력이 향상된다. 자기 말만 전달하는 데 집중하는 사람의 토론 실력은 제자리에 머무를 뿐이다. 실제로 수년간 토론을 했음에도 토론 실력이 늘지 않는 학생들을 관찰해보면 그 원인이 상대방의 말이나 사람들의 피드백을

무시한 채 자기중심적인 토론을 해왔던 경우가 꽤 많다. 웅변이
나 발표라면 그렇게 하더라도 실력이 향상될 수 있지만, 토론에
서는 일방적으로 자기주장만 해서는 실력을 키우기 힘들다.

상대방 발언	나의 생각(의견)	질문(의문점)

더불어 상대방의 말을 더 잘 들으려면 듣고, 반응하고, 요약하
고, 질문하는 순으로 단계를 거치는 것이 좋다. 이는 사운드 컨
설턴트인 줄리안 트레져가 TED 강연에서 소개한 방법으로 필
자 또한 유용하게 사용하고 있다. 먼저 듣기의 단계로 상대방
에게 온전히 주의를 기울인다. 두 번째로 상대방의 말에 "그래",
"맞아" 등으로 반응을 한다. 그다음 "그래서 당신이 한 말은 …이
라는 거죠?", "아! 방금 말씀하신 것이 …라는 의미죠?"라는 식으
로 들은 내용을 요약한다. 그리고 상대방의 말을 다 듣고 난 후

에 질문한다.* 무작정 '잘 들어야지'라며 접근하기보다는 이렇게 각 순서를 의도적으로 점검하면 상대방의 말을 더 잘 경청할 수 있게 된다.

① Receive: 상대방에게 주의를 기울인다.
② Appreciate: 상대방의 말에 반응한다.
③ Summarise: 들은 내용을 요약한다.
④ Ask: 상대방의 말을 다 듣고 난 후에 질문한다.

상대방의 말을 제대로 들어야 논리를 비교 분석할 수 있고, 심사위원이나 청중의 말을 제대로 들어야 나의 개선점을 찾을 수 있다. 단언컨대 제대로 듣지 않으면 토론 실력은 절대 향상되지 않는다.

그렇다면 듣기를 어떻게 연습해야 할까? 따로 배워야 할까? 많은 사람이 적극적으로 경청하라고 하지만 그 방법이 모호한 경우가 많다. 들을 때는 문제의식을 갖고 능동적으로 생각하며 들어야 한다. 문제의식을 갖는다는 것은 화자가 하는 말에 대해

---

* Julian Treasure, "5 ways to listen better", TED.com, July 2011, https://www.ted.com/talks/julian_treasure_5_ways_to_listen_better

비판적으로 사고하며 듣는 것을 뜻하며, 능동적으로 생각한다는 것은 듣고 있는 내용에 대해 다각도로 헤아려보고 살을 붙여가며 듣는 것을 의미한다.

이를 위해서는 먼저 나의 지식, 준비한 자료, 경험 등과 비교하며 상대방의 말을 들어야 한다. 상대방 발언의 핵심 메시지와 논리 구조를 머릿속으로 그리며 듣고, 동시에 경청하는 중 떠오르는 생각이나 의문점을 기록한다. 동의하는 점, 반대하는 점, 이해되지 않는 점 등 자신의 의견을 메모하면서 듣는 것이다. 토론이 끝난 후에는 따로 시간을 내어 메모한 내용을 참조해 상대방의 토론에서 배워야 할 점과 응용할 점에 대해서도 고민해보자. 처음부터 이 모든 것을 염두에 두고 듣는 게 어려울 수도 있지만, 위 내용을 상기하며 습관이 될 때까지 상대방의 말을 경청하는 연습을 해보자. 그렇게 하다 보면 어느새 적극적으로 경청하고 있는 자신을 발견하게 될 것이다.

마지막으로, 다음 표를 통해 듣기 5단계 중 자신이 어느 단계에 속해 있는지 체크해보자. 그리고 토론을 할 때마다, 대화를 할 때마다 적극적으로 경청하도록 노력해 한 단계씩 올라가보자. 경청을 제대로 하면 토론에서뿐만 아니라 인생을 살아가는 데 있어 귀중한 자산이 될 것이니 말이다.

1 중단하기	상대방의 발언을 끊는 것
2 장악하기	상대방의 발언에 대한 타인의 관심과 집중을 빼앗는 것
3 조언하기	상대방의 발언에 대한 의견을 제시하는 것
4 주의 깊게 듣기	상대방의 발언을 들어주는 것
5 적극적으로 듣기	상대방의 발언을 적극적으로 듣고 공감을 표현하는 것

응용: 노트테이킹 핵심 기술

경청을 더 잘하기 위해 필요한 것이 '노트테이킹'이다. 노트테이킹과 경청은 상호 보완하는 역할을 하는데, 효율적으로 필기하는 것이 잘 듣는 데 도움이 되고, 잘 들으면 필기를 더 잘할 수 있다.

상대방의 말을 듣고 메모하는 능력은 특히 토론에서 중요하다. 토론에서는 우리 측과 상대측의 논거와 반론이 계속 어우러져 복잡한 양상을 띤다. 따라서 메모하지 않으면 중요한 반론 포인트를 놓칠 수 있고, 많은 정보가 단시간 내에 쏟아져 나오는 토론에서 길을 잃을 수도 있다. 따라서 모든 토론자는 토론을 효율적으로 기록하기 위한 메모 방법을 숙지하고 토론에 임해야 한다. 필자가 주로 사용하는 방법을 소개하면 다음과 같다.

먼저 키워드 중심으로 기록하자. 모든 내용을 적는 게 아니라 키워드만 적고 기호 등을 활용해 짧게 정리하는 방법이다. 듣고 있는 모든 내용을 쓰려고 하면 다음 내용을 놓치게 되고, 너무 많은 것을 적으면 나중에 필요한 내용을 찾기 힘들다. 예를 들어, 상대측이 인터넷 실명제에 반대하는 이유로 "인터넷 실명제의 부재 때문에 악성 댓글의 폐해가 발생하는 것이 아니다"라고 주장했다면, '실명제 부재', '악성 댓글의 폐해'로 적는 것이다. 만약 이 주장을 곧이곧대로 받아 적는다면 필기가 되레 경청을 방해하게 된다.

- 인터넷 실명제의 부재 때문에 악성 댓글의 폐해가 발생하는 것이 아니다. (×)

  실명제 부재 --×--〉 악성 댓글의 폐해 (○)

- 원자력 에너지는 경제성이 높으므로, 탈원전 시 전력비용이 높아질 수밖에 없다. (×)

  탈원전 정책 → 전력비용 ↑ (○)

그리고 필기할 때는 색깔 펜을 사용하자. 토론 중에 놓치지 말아야 할 내용, 질문, 반론 포인트 등이 잘 보이도록 각각 다른 색

깔로 작성하는 것이 좋다. 동시에 형광펜 등을 사용해 관련 논거와 반론들을 묶어주면 주요 쟁점을 더욱 쉽게 파악할 수 있다.

마지막으로 하나의 아이디어가 어디에서 시작해서 어디로 이어지는지 화살표로 표시하자. 이는 토론의 흐름을 한눈에 파악하고, 상대측의 논리적 모순을 파악하는 데 도움이 된다. 위 예시에서 "실명제의 부재가 악플의 폐해로 이어지는 것이 아니다"라는 주장을 상대측이 반박했다면, 반대 측은 화살표 표시를 하고 반론의 내용을 메모하는 것이다.

이외에도 다양한 방법이 있지만, 자신에게 편한 방법이 가장 효과적인 메모 방법이다. 적절한 방법을 택했으면 익숙해질 때까지 그 방법을 꾸준히 사용하자. 그래야 필기하는 도중에도 생각의 흐름을 유지할 수 있다.

필자는 위 원칙을 바탕으로 플로윙(Flowing)이라 불리는 기법을 사용한다. 이 용어는 모든 내용을 적기보다는 주요 내용과 흐름을 파악하는 데 메모의 목적이 있다는 것을 잘 나타낸다. 의회식 토론을 기준으로 다음 예시를 들었으나 다른 형식이나 일상에서도 충분히 응용할 수 있는 방법이다.

방법은 이렇다. 토론하기 전 B4 용지를 준비한다. 큰 용지를 사용하는 이유는 한 페이지에 모든 토론의 흐름을 기록해 한눈에 파악하기 위함이다. B4 용지가 없는 경우에는 A4 용지 2장을 사용한다. 그리고 286쪽과 같이 총 12개의 면이 나오게 용지를 접은 후에 선을 그려 구분해준다. 첫 번째 칼럼에는 토론의 첫 번째 연사 발언을, 두 번째 칼럼에는 두 번째 연사의 발언순으로 기록한다. 그리고 찬성 측 기준에서 위 칸은 논거를, 아래 칸은 반론을 적는다. 반대 측은 반론을 위 칸에, 자신의 논거를 아래 칸에 적어주면 되는데 이는 같은 선상에서 서로의 논거와 반론을 비교할 수 있게 하기 위함이다.

첫 번째 칼럼에는 찬성 측 1 연사의 발언을 기록한다. 두 번째 칼럼에는 반대 측 1 연사의 발언을 기록하는데, 이때부터 기호와 색깔을 적극적으로 활용한다. 다음은 토론의 3번째 순서인 찬성 측 2 연사의 발언을 기록한다. 이렇게 체계를 세우면 토론에서 주요 쟁점이 어떻게 형성되고 있는지, 어떤 부분에 보충 설명이 더욱 필요한지, 반론이 어디에 필요한지 즉각 파악할 수 있다. 이 표를 보면서 미리 준비한 개요서와 자료에 필요한 내용을 보충하고, 별도의 페이지에 반론을 정리한다. 그리고 내 발언 차례가 되거나 질문할 때 입론 개요서와 함께 참조한다.

복잡해 보일 수 있으나 실전 토론에서 몇 번 사용해보면 생각보다 어렵지 않다. 물론 자신이 기존에 사용하고 있는 메모 방법이 있다면 새로운 방식을 도입하기보다는 소개한 기술을 자신의 필기 방식에 접목하기를 추천한다. 그리고 아침에 일어나 양치하는 것처럼 습관적으로 메모할 수 있도록 노트테이킹을 연습하자. 그래야 토론 중에 새로운 정보를 받아 적으면서 다각도로 사고하는 게 가능하다.

찬성 발언 1	반대 발언 1	찬성 발언 2	반대 발언 2	찬성 발언 3	반대 발언 3
논거 적기 ←	(반론 적고 화살표로 나타내기)	논거 적기 ←	(반론 적고 화살표로 나타내기)	논거 또는 요약 적기	(반론 적고 화살표로 나타내기)
		논거 적기 ←	(반론 적고 화살표로 나타내기)	논거 적기 ←	(반론 적고 화살표로 나타내기)	논거 또는 요약 적기

기본: 질문의 유형을 알면 순발력 있게 질문할 수 있다

좋은 질문은 상대방의 말을 경청하고 메모하는 것에서 시작된다. 상대방의 말을 제대로 이해하지 않은 상태에서 좋은 질문을 하기란 사실상 불가능하다.

지금부터는 토론하는 도중에 질문을 더욱 효과적으로 하기 위한 몇 가지 방법을 살펴보자. 이는 일종의 질문 유형으로써 질문하는 법을 연습하는 데 좋은 길잡이가 되어줄 것이다. 덧붙여 질문은, 토론을 잘하기 위해서 뿐만이 아니라 새로운 것을 배우거나 일을 하는 데에도 매우 중요하니 이 기회에 질문 방법을 숙지해 여러 상황에 적용할 수 있도록 하자.

먼저 질문은 광범위한 질문과 구체적인 질문으로 나눌 수 있다. 토론에서는 구체적으로 질문하는 것이 효과적이다. 광범위한 질문은 표면적인 이슈만 다루기 쉬운 반면, 구체적인 질문은 토론 주제에 대한 장단점을 균형 있게 파악해 실제적이고 세밀한 쟁점을 형성할 수 있도록 도와주기 때문이다. 또한 질문이 구체적일 때 상대방은 논리의 결점을 더욱더 쉽게 인정한다.

한 연구 결과에 따르면, 광범위한 질문을 받을 때 사람들은 자신이 부정적으로 인식될 수 있는 정보는 밝히지 않는다. 반면, 구체적인 질문은 보다 정직한 대답을 끌어낸다고 한다.[*] 이때 흥미로운 사실은 그 질문이 부정적인 가정을 포함하면 더 정직한 대답을 이끌어낼 수 있다는 것이다. 구체적으로 질문하면 그 사람이 자신의 상황을 잘 알고 있다고 생각해 진실된 답변을 하는 원리이다. 이를테면 '셧다운제' 토론에서 "방과 후에는 시간을 어떻게 보내나요?"라고 질문하는 것보다 "밤늦게까지 게임을 한 적이 있죠?"라고 질문해야 정직한 답변을 이끌어낼 수 있는 것이다.

다음으로, 토론을 하다가 막상 질문하려고 해도 무엇을 질문해야 할지 모르는 사람에게 '질문 매트릭스'를 사용한 질문 연습

[*] Minson et al.(2018), Eliciting the truth, the whole truth, and nothing but the truth: The effect of question phrasing on deception, Organizational Behavior and Human Decision Processes.

을 추천한다. 〈하버드 비즈니스 리뷰〉에 소개된 이 기법은 토론에서 질문할 때도 유용하게 사용할 수 있다.* 질문의 유형은 크게 질문의 범위와 질문의 의도로 나뉜다. Y축은 범위를 나타내며 주제와 관련해 질문의 범위가 넓은지 혹은 좁은지로 구분되고, X축은 질문의 의도로 이미 알고 있는 내용에 대해 질문하는지 혹은 새로운 것을 파악하기 위해 질문하는지로 나뉜다.

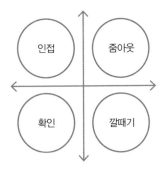

그럼, 매트릭스에 나와 있는 질문 종류를 하나씩 살펴보자.

---

* 〈Relearning the Art of Asking Questions〉(〈Harvard Business Review, 2015년 3월 27일자) https://hbr.org/2015/03/relearning-the-art-of-asking-questions

줌아웃(Elevating) 질문

논의되는 내용을 넘어서 더욱 큰 이슈를 제기하고 전체 맥락을 강조하는 질문 유형이다. 주제를 확대하며, 논의되는 다양한 내용과 개별 문제들 사이에서 더 큰 맥락을 잡도록 도와준다. 세부 내용에 너무 집착한 나머지 토론에 진전이 없을 때 유용한 질문 유형이다.

- 한 걸음 물러서서 더 큰 이슈는 무엇인가요?
- 우리가 제대로 된 질문을 다루고 있나요?
- 이 개별 사안이 보여주는 큰 추세는 무엇인가요?
- 개별 사안들이 어떻게 관련이 있나요?

인접(Adjoining) 질문

논의에서 언급되지는 않지만, 주제와 관련된 내용을 탐색하는 질문 유형이다. 긴급한 사안을 넘어서 전체적인 주제의 맥락을 잡는 데 도움이 된다.

- 당신이 주장한 이론이 다른 상황에서는 어떻게 적용될까요?
- 이 정책으로 혜택을 받는 다른 이해관계자 그룹은 누구일까요?
- 이러한 예시(연구 결과)가 다른 나라에서는 어떻게 나타납니까?

- 혹은 이 제도가 이웃 나라 중국에서는 어떻게 적용될까요?

확인(Clarifying) 질문

이미 논의된 것을 올바르게 이해할 수 있도록 도움을 주는 질문 유형이다. 토론이나 대화에서 많은 내용을 다루면서, 정작 주요 내용을 파악하지 않는 경우가 있는데, 이때 확인 질문을 통해 화자의 진짜 의도를 알 수 있다. 상대방의 말을 자신의 렌즈로 해석하고 가정해 결론을 내버리는 일이 많은데, 확인 질문을 함으로써 그러한 오해를 방지할 수 있다.

- 더 자세히 말씀해주실 수 있으신가요?
- 왜 그렇게 생각하시나요?
- 당신이 의도하는 바가 …이 맞나요?

깔때기(Funneling) 질문

논의된 내용을 심층적으로 파고드는 질문 유형이다. 결론이 어떻게 도출되었는지, 상대방의 주장을 뒷받침하는 가정이 무엇인지, 문제의 근본 원인이 무엇인지를 이해하는 데 도움이 된다.

- 어떻게 그 분석을 했나요?
- 왜 이 단계를 포함하지 않았나요?
- 이 문제의 원인이 무엇인가요?

지금까지 질문을 잘하는 4가지 유형을 살펴보았다. 수많은 내용이 오가는 토론에서는 정보를 신속하게 처리하고 순발력 있게 질문하는 능력이 필요하다. 이런 점에서 '질문 매트릭스'는 다각도로 질문하는 데 좋은 길잡이가 되어줄 것이다.

하루아침에 질문을 잘하게 될 수는 없겠지만 이것만 기억해도 토론과 대화의 질이 한층 더 높아질 수 있다. 바로 질문하기는 서로의 가정을 확인하는 일이라는 것이다. 우리는 서로 다른 가정과 해석으로 토론에 임하지만, 그 가정을 확인하는 일에는 게으르다. 결국 주제에서 벗어나는 얘기만 하게 되고 그만큼 시간과 감정이 소요된다. 이는 그때그때 드는 의문점에 대해 질문함으로써 쉽게 방지할 수 있다.

그러니 모두가 서로 다른 가정이 있다는 전제하에 수시로 질문을 주고받자. 그것이 토론을 살리는 가장 쉬우면서도 효과적인 방법이다.

응용: 상대 심문과 이의제기

토론은 단순히 각 토론자의 스피치로만 이루어진 것이 아니다. 대화나 토의에서는 자유롭게 질문하면 되지만, 형식을 갖춘 토론에서는 별도의 질의 시간을 두어 찬성과 반대 측의 상호 작용을 유도한다. 질의를 통해 상대방의 논리적 오류를 지적하고, 정확한 질문을 제기한 후에 원하는 방향으로 답변을 끌어내는 전략적 요소를 갖춘 것이 토론이다. 토론 형식에 따라 차이가 있지만, 질의 세션은 대표적으로 상대 심문과 이의제기로 구현된다.

상대 심문(Cross Examination)

상대 심문은 법정에서 검사나 변호사가 진행하는 피고인 신문이나 증인 신문 과정과 유사하다. 교차 조사, 교차 질의*라고도 불리는데, 별도의 시간을 두어 토론자 간 질의응답을 유도한다. 일반적으로 발언을 마친 연사에게 상대측이 심문한다. 이때 질문은 상대팀 누구나 할 수 있지만, 답변은 막 발언을 마친 토론자만 할 수 있다. 주어진 시간 내에 상대팀 논리의 오류를 지적하고 명확하지 않았던 부분에 대해 답변하는 시간으로, 토론 중에 어떠한 질문을 받아도 즉흥적으로 대답할 수 있는 순발력이 필요하다.

상대 심문을 잘하기 위해서는 먼저 잘 들어야 하며, 상대측이 발언한 내용에 대해서만 질문해야 한다. 이때 상대측 주장을 분명히 하기 위해서 질문할 수도 있고, 앞에서 소개한 반박 기법을 활용해 상대 심문에 적용할 수도 있다. 다만 일방적으로 반론을

---

* 경쟁 토론에서는 교차 질의는 질문자와 답변자가 구분되고, 교차 조사는 상호 질문과 답변이 가능하다고 구분하고 있지만, 토론 자체에 집중하기 위해 이 책에서는 모두 같은 것으로 간주했다.

펼치는 것이 아니라, 문답식으로 상대측 논리의 결함과 실수를 인정하게 해야 함을 유념하자.

또한 효과적인 상대 심문 방법으로는 한 번에 한 가지 논점에 대해서만 간결하게 질문해야 한다. 이때 "~에 대해서 어떻게 생각하십니까?"와 같은 개방형 질문은 피하는 것이 좋다. 폐쇄형 질문을 제기하되, 제시된 자료의 사실 관계를 확인할 때는 '예'나 '아니오'의 답변을, 설명이 필요할 때는 문제를 구체적으로 거론하며 짧은 답변을 유도해야 단시간에 효율적인 상대 심문을 할 수 있다.

동시에 상대방 주장의 핵심을 찌르는 질문으로 구성해야 한다. 특히 토론에서 부차적인 세부사항에 집착하지 않아야 하는데, 대표적인 예가 상대측이 제시한 자료에 대해 반론을 충분히 했음에도 계속해서 데이터 자체에 집중하거나 말꼬리를 잡고 늘어지는 것이다. 사소한 것에 집착하기보다는 토론의 주요 쟁점을 고려해 질문해야 한다.

또한 청중을 고려해 질문해야 한다. 토론 발언을 할 때와 마찬가지로 청중이 이해하기 쉬운 방식으로 상대방에게 질문하고, 예의를 갖춰 질문해야 청중이나 심사위원의 호감을 얻을 수 있다. 논리적이고 날카로운 질문을 하면서도 상대방에 대한 존중을 보여야 한다. 간혹 날카로운 질문이 곧 공격적인 질문이라고 착각하는 토론자가 있는데, 이 둘은 전혀 관련이 없음을 기억하자. 날카로운 것이 내용에 관한 것이라면, 공격적인 것은 태도에 관한 것이다. 거듭 강조했듯이 공격적인 태도는 설득력을 낮출 뿐이다.

마지막으로 상대 심문을 잘하기 위해서는 철저하게 토론 준비를 해야 한다. 상대 심문에는 순발력이 필요한데, 이는 다양한 관점에서 논제를 분석하고 토론을 대비했을 때 갖출 수 있다. 제대로 된 준비 없이 토론에 임하면 토론의 맥락을 잡기도 힘들뿐더러 표면적인 질문밖에 하지 못할 것이다.

이의제기(Points of Information, POI)

이의제기란 연설 내용을 반박하는 증거 자료, 질문, 논리 등을 15초 내로 짧게 제시하는 것이다. 이의제기는 상대방 발언 중에 제기할 수 있으며 전략적으로 토론에 활용할 수 있다. 이의제기를 할 때는 변호사가 법정에서 이의를 제기하는 것처럼, "이의 있습니다", "질의 있습니다", "설명을 요구합니다"라고 말하는 동시에 자리에서 일어나 질문을 받아달라고 요청하면 된다. 이때 발언 중인 토론자는 질문을 받을지 말지 선택할 수 있는데, 거부할 경우 손짓을 하거나 "거부합니다", "받지 않겠습니다" 등의 표현으로 의사를 표시하면 된다.

주로 의회식 토론에서 사용하는 질문 방식인 이의제기는 토론에 역동성과 전략적인 요소를 더해준다. 상대측 토론자가 발언하는 중간에 질문 내용을 정리해 15초 안에 명확하게 질문해야 하므로 다소 난도가 높은 방식이기도 하다. 따라서 평소에 질문하는 것을 두려워하지 말고 짧은 시간 내에 말하고 싶은 바를 정리해 전달하는 연습이 필요하다.

이의제기를 잘하기 위해서는 다음 5가지 목적으로 질문 유형을 분류해 연습하는 것이 좋다. 상대 심문에서는 별도의 질의 시간을 두어 여러 목적의 질문을 모두 할 수 있지만, 상대측 스피치 중에 진행되는 이의제기의 특성상 한 번에 하나의 유형만 다룰 수 있다.

목적	상황	질문 예시
① 확인	상대방의 의도나 설명이 모호할 때	"…라고 말씀하셨는데, 정확히 어떤 의미로 말씀하시는 겁니까?" "그 정책의 대상은 정확히 누구입니까?"
② 반박	상대방 논리의 결함이나 허위사실을 발견했을 때	"상대방이 주장하는 바는 사실이 아닙니다. 증가하기는커녕 오히려 ○○%나 감소했다고 나와 있습니다."
③ 왜곡 방지	상대방이 우리 측 주장을 자신에게 유리하게 해석하거나 왜곡할 때	"그것은 사실이 아닙니다. 우리 측의 주장은 …였습니다. 이 부분에 대해 답변해주시길 바랍니다."
④ 우리 측 주장 강조	상대방이 우리 측 주요 논거를 무시할 때	"(말하는 부분과 관련하여) 우리 측은 …라고 주장하였는데, 이 부분에 대해서는 어떻게 생각하십니까?"
⑤ 특정 주장, 쟁점으로 토론 유도	상대방이 자신에게 유리한 프레임 안에서만 토론하려고 할 때	"…의 관점에서는 어떻게 생각하십니까?" "이 토론의 핵심 쟁점은 …에 관한 것입니다. 이 부분에 대해서는 어떻게 생각하십니까?"

아울러 질문을 받는 입장이라면 자신의 페이스를 잃지 않도록 유념해야 한다. 상대방이 자신의 질문을 받아달라고 연이어 요청해도 질의응답에 대한 모든 권한은 발언 중인 사람에게 있다. 이점을 숙지하고 내 발언의 흐름을 방해하지 않으면서 이의 제기에 응대하는 것이 중요하다. 질문을 거부하고자 할 때는 상대방에게 거절한다는 손짓을 하면 말을 멈추지 않고 응대할 수 있다. 질문을 받을 때는 논거나 반론 포인트를 설명하는 중간에 받는 것보다는 하나의 논거 혹은 반론 포인트에 대한 설명을 모두 마친 후에 받는 것이 좋다. 그래야 하나의 메시지에 온전히 집중하여 내 의사를 전달할 수 있기 때문이다. 덧붙여, 토론에서 첫 번째 발언을 하는 경우 초반부터 질문이 쏟아진다면 차례대로 질문을 받을 것을 권장한다. 초반부터 질문이 많다는 것은 발언자의 용어 정의와 정책 세부사항이 모호하다는 신호일 수 있기 때문이다.

대부분 토론 형식에서 질의응답은 위 2가지 방식으로 구현되며, 각각의 장단점이 있다. 그러나 형식은 형식일 뿐, 평소 들은 내용을 명확한 질문으로 구성하는 연습을 한다면 어떤 형식에도 쉽게 적응할 수 있을 것이다.

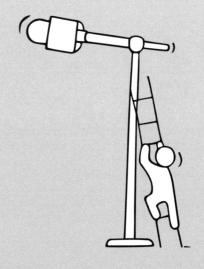

난생처음 토론수업

초판 1쇄 발행 2021년 2월 26일
초판 2쇄 발행 2021년 11월 10일

지은이 이주승
펴낸이 정혜윤
편집 조은아
디자인 이웅
펴낸곳 SISO

주소 경기도 고양시 일산서구 일산로635번길 32-19
출판등록 2015년 01월 08일 제 2015-000007호
전화 031-915-6236
팩스 031-5171-2365
이메일 siso@sisobooks.com

ISBN 979-11-89533-54-0 13190